세계의 중심, 북경을 가다

조천일기

조천일기

세계의 중심, 북경을 가다

초판 1쇄 발행 2014년 9월 10일 ＼**초판 2쇄 발행** 2015년 12월 20일
지은이 조헌 ＼**옮긴이** 동아시아비교문화연구회 ＼**퍼낸이** 이영선 ＼**편집 이사** 강영선 ＼**주간** 김선정
편집장 김문정 ＼**편집** 김종훈 김경란 하선정 김정희 유선 ＼**디자인** 김회량 정경아 이주연
마케팅 김일신 이호석 김연수 ＼**관리** 박정래 손미경 김동욱

퍼낸곳 서해문집 ＼**출판등록** 1989년 3월 16일(제406-2005-000047호)
주소 경기도 파주시 광인사길 217(파주출판도시) ＼**전화** (031)955-7470 ＼**팩스** (031)955-7469
홈페이지 www.booksea.co.kr ＼**이메일** shmj21@hanmail.net

ISBN 978-89-7483-684-9 03910
값 11,900원

이 도서의 국립중앙도서관 출판시도서목록(CIP)은 e-CIP 홈페이지(http://www.nl.go.kr/ecip)에서
이용하실 수 있습니다.(CIP제어번호: CIP2014024915)

세계의 중심, 북경을 가다

조천일기

조헌 지음 · 동아시아비교문화연구회 옮김

서해문집

《조천일기朝天日記》는 선조宣祖 대 문인 관료였던 조헌趙憲이 1574년 명나라에 다녀오며 쓴 기행문이다. 조헌은 우리에게 임진왜란 중 금산 전투에서 전사한 의병장으로 잘 알려져 있는 인물이다. 그의 숭고한 희생정신을 기리는 것과 아울러 조헌이 16세기 조선이라는 시공간 속에서 살아간 지식인이라는 점에 눈길을 돌리면 이제껏 우리가 잘 알지 못한 조헌의 새로운 모습이 보일 것이다. 과연 조헌에게 중국은 어떠한 의미였고 또 그의 견문은 어떠한 시대적 배경과 의미를 갖고 있었을까?

박사과정을 막 수료한 올망졸망한 대학원생들끼리 무언가 의미 있는 강독 모임을 만들고자 의욕에 찬 목소리를 낸 것이 벌써 수년 전의 일이다. 모임의 첫 강독 대상으로서 《조천일기》를 선택한 계기는 기실 강독하기에 적절한 분량의 연행록燕行錄을 찾는다는 단순한 이유에 다름 아니었지만, 책장을 넘길수록 강직한 학자로서의 면모와 호방한 매력을 동시에 발하는 조헌을 만나는 재미와 《조천일기》에 담긴 다양한 사건과 이에 대한 상세한 기록을 읽는 보람에 취해 즐거운 강독 모임을 이어갈 수 있었다. 《조천일기》는 우리 연구회의 이름으로 세상에 펴내는 첫 책인 만큼 가슴 설레는 기대와 함께 부족한 실력이 드러나지 않을까 하는 걱정도 적지 않다. 다만《조천일기》에 담긴 흥미로운 이야기가 독자들에게 쉽게 닿을 수 있도록 연구회에서 쏟은 정성과 노력이 조금이나마 전달되었으면 하는 바람을 가질 뿐이다.

학자로서 아직 성장하지 않았음을 아시면서도 항상 격려해 주신 선생님들께 감사 인사를 드린다. 아직 가야 할 길이 많이 남아 있다는 것을 이 책이 말해 줄 것이지만, 한 걸음 한 걸음 떼어 가는 성장 과정으로 그 마음에 보답하고자 한다. 또한 곁에서 응원해 주신 선후배와 주변 분들이 계셨기에 지금까지 이 연구 모임을 이끌어 올 수 있었다.

그리고 학계에 막 첫발을 내디딘 새내기 학자들에게 좋은 번역의 기회를 주고 물심양면으로 지원을 아끼지 않은 서해문집 편집부에 감사한 마음을 표한다.

2014년
옮긴이를 대표하여
김창수 씀

1. 원문은 한국문집총간('한국고전번역원' 간행) 《중봉집重峯集》 권10 · 11의 〈조천일기朝天日記〉를 저본으로 했으며, 국가기록유산에서 제공하는 〈조천일기〉(보물 제1007-1호) 필사본을 참고했다.

2. 원문에는 대문(본문)과 소문(주석)이 분리되어 있지만 독자들의 편의를 위해 문맥을 해치지 않는 범위 내에서 하나의 문단으로 처리했다.

3. 현재 쓰는 우리말로 번역하는 것을 원칙으로 했으나, 고유명사 등 필요에 따라 한자를 병기했고 뜻을 풀어쓸 경우 원문 한자를 (   )안에 병기했다.

4. 저자인 조헌이 주석으로 기록한 부분은 〔 〕를 사용했고, 문집 편찬자의 주석은 〔(按   ) 〕으로 표기했다.

5. 명 황제의 명칭은 연호를 기준으로 했다. 예) 만력제萬曆帝(○), 신종神宗(×)

6. 인명은 성명의 표기를 원칙으로 했고, 자호字號 등은 가급적 인명으로 변경했다.

7. 날짜 아래에 이동 경로를 표기했다. 조선 국내의 경우 부府 · 현縣을 기준으로 했고, 압록강에서 산해관까지는 위소衛所의 관할 주체를, 산해관에서 북경까지는 부府를 표기하고 그 안에 하위 단위의 이동장소를 기록했다.

8. 물건 명칭은 번역어가 확정되어 사용하고 있는 경우 한글로, 번역이 적절하지 않을 때에는 한자로 표기했다.

【 차례 】

조선시대 한중 관계의 역사성과 조헌의 사행使行

《조천일기》에 반영된 시대적 배경을 이해하기 위해서는 조헌이 명나라의 수도인 북경에 가던 당시의 국제 관계를 살펴보아야 한다. 오늘날 우리가 외국 여행을 가고자 할 때 범죄를 저질러 출국 금지를 당하지 않는 한 정부에서 여행 자체를 막는 일은 없다. 그렇지만 조선과 명나라가 외교 관계를 수립한 이후, 명나라의 엄격한 통제 아래 국가에서 허락한 경우를 제외하고는 어떠한 이동도 불법으로 간주되었다. 민간의 교류는 당연히 금지되었고 사적으로 국경을 넘을 경우 심하면 사형에 처하기도 했다. 결국 조선과 명 양국 사이에서는 공식적인 임무를 띤 외교사절만이 상대방 국가에 갈 수 있었고, 이것이 유일한 교류의 통로였다.

　당시대의 특수성은 제한된 교류에만 국한되지 않는다. 조선과 명나라는 이른바 '조공-책봉'이라는 불평등한 관계를 전제로 서로의 위치를 규정했다. 조선이 신하를 자처하는 문서와 선물을 중국에 올리면(조공朝貢) 상국上國인 명나라는 조선 국왕의 외교권과 통치권을 인정해 주는(책봉冊封) 구조였다. 지금의 입장에서는 상당히 불평등해 보이지만 원나라 시기 중국 9

◉ 1574년 조헌이 지나간 연행 길

에서 고려 국왕을 마음대로 교체하던 상황에 비추어 보면 좀 더 독립성이 확보된 관계였다고 할 수도 있을 것이다. 아무튼 이러한 상하 질서 속에서 조선은 황제의 생일(성절聖節), 정월 초하루(정조正朝), 황태자의 생일(천추절千秋節) 등에 정기적으로 사신을 보내 축하했고, 이외에도 중국 황실의 경조사가 있으면 사신을 파견했다. 이와 같은 한중 관계는 청나라가 들어서면서 약간의 변화를 맞이하지만 대략적으로 동일한 구조를 유지하면서 1894년까지 약 500년 동안 역사성을 가지고 이어져 나갔다.

선조 7년(1574) 조선 조정은 그 해 음력 8월 17일에 있는 명나라 만력제의 생일 축하 준비로 분주했다. 황제에게 보내는 각종 선물(방물方物)을 준비하고 또 축하를 전하는 문서도 작성해야 했다. 선물의 상태가 좋지 않거나 문서의 내용 중 격식에 맞지 않는 부분이 있으면 자칫 외교 문제로 비화될 수도 있기 때문에 모든 물품은 신중에 신중을 기해 마련되었다. 그리고 수많은 물건을 운반할 인원들, 중국에서 통역을 담당할 역관들을 배정하고 이들을 통솔하기 위한 정식 관원을 차출했다. 총책임자인 정사正使에는 박희립朴希立, 사절단의 감찰을 위해 파견되는 서장관書狀官에는 허봉許篈 그리고 질정관質正官으로 조헌이 선발되었다.

이상과 현실의 중국, 그리고 조헌의 임무

조헌이 사행에서 맡게 된 질정관이라는 직책은 당시의 조선과 명나라 사이에 존재하던 또 다른 역사적 상황을 보여 준다. 조선시대 지식인에게 명나라는 단순한 강대국이 아닌 그들이 지향해야 할 문명을 간직한 존재였다. 명나라, 보다 엄밀하게는 중국이 만들어 내고 발전시킨 문명을 조선에서는 중화中華라고 불렀다. 중화에 대한 조선의 강력한 열망으로 인해, 조선 초 국가 정책의 핵심 과제 중 하나는 바로 중화의 제도를 기준으로 삼아 한반도에서 작은 중화(소중화小中華) 국가를 만들어 내는 일이었다. 이러한 상황 속에서 개인적으로나 국가적으로나 중국의 법전法典, 의례서儀禮書, 경서經書 등을 수입해 조선 사회에 적용하고자 한 것은 너무나 당연했다.

중화의 제도는 궁극적으로 문헌 자료를 통해 이해되었다. 그런데 비록 조선 지식인들이 어릴 때부터 한문을 학습하고 또 적극적으로 그 가치를 추구했다고 하더라도 조선인에게 결국 한문은 외국어일 수밖에 없었다. 또한 주요 문헌 자료는 짧게는 100년, 심지어 1000년 전에 만들어져 그 제도의 구체적 모습을 전혀 알 수 없는 경우도 있었다. 이 때문에 문헌 자료

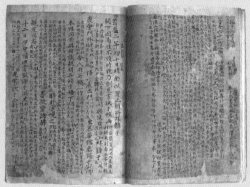

⊙ 조천일기

를 이해하는 데는 근본적으로 한계가 존재했다. 이와 같은 문제를 명확히 해결하는 방법은 해당 문헌을 만들고 그 제도를 사용하는 주체인 중국에 가서 직접 물어보는 것이었다. 그리고 질정관의 파견은 바로 이를 해결하기 위한 적극적 방식에 다름 아니었다.

질정관의 첫 번째 임무는 불명확한 한자의 뜻과 음을 정확하게 파악하는 것이다. 질정관은 요동 또는 북경으로 파견되어 바른 뜻(정훈正訓)과 바른 음(정음正音)을 조사하고 이를 정리해 조정에 보고서로 올렸다. 조헌 역시 사행 출발 전 조정으로부터 질정할 사항들을 부여받은 듯 하며, 친우들로부터도 잘 이해가 되지 않는 의례에 대해 물어봐 달라는 부탁을 받았다. 이에 조헌은 북경에 도착해 문묘文廟와 관련된 국가적 사항뿐만 아니라 세세한 한자의 음과 단어의 뜻에 이르기까지 중국 지식인들에게 끊임없이 질문하고 조사했다. 그는 때때로 매우 지엽적이고 세밀한 것까지 알

고자 했기에, 중국 지식인들로부터 '이 단어를 알 수 있는 사람은 현세에
는 없다'는 핀잔마저 들을 정도였다. 이와 같은 조사 결과는 귀국 후《질정
록質正錄》이라는 이름으로《동환봉사》와 함께 조정에 올려졌다.

질정관이 수행해야 할 임무 중에는 중국 현지의 학문 경향을 살피는 일
도 포함되어 있다. 우리가 읽게 될《조천일기》속에서 서장관으로 등장하
는 허봉은 중국 지식인들과의 대화를 통한 사상 동향 탐색을 시도했다. 성
리학의 거두이자 조선 지식인들이 추앙하는 주희를 과연 중국에서는 긍
정적으로 평가하고 있는지, 명 조정에서는 어째서 주희를 비판한 왕양명
王陽明을 문묘에 배향하려고 하는지, 또한 오랑캐 조정인 원나라에서 벼슬
했다는 혐의를 가진 허형許衡의 출사를 현지 지식인들은 어떻게 보고 있
는지, 최근 훌륭한 유학자들은 누가 있는지 등등을 질문하고 또 논쟁했다.
조헌은 이와 같은 대화 내용을 상세히 기록했고, 이후 당시의 기록을 근거
삼아《동환봉사》에서 개혁안을 구상했다.

이와 아울러 질정관은 중국의 정치 현실을 구체적으로 파악하는 임무
도 맡았다. 중화로서의 명나라는 조선의 이상향이었지만, 현실의 명나라
는 엄연히 조선에 압박을 가할 수 있는 존재였다. 명나라의 주요한 현안
은 무엇인지, 그중 조선과 관련되는 사항은 없는지, 무엇보다 명나라의 최
고 통치자인 황제는 어떠한 인품을 지녔는지를 조헌은 지속적으로 탐문
했다. 명나라의 안정 여부, 요동 일대에 대한 정책, 명 사신의 파견 등은 당
장 조선과 직결되는 부분이기 때문이었다. 특히 조헌은 중국의 정치 현실
을 실시간으로 파악할 수 있는 공문서를 최대한 확보하려는 노력을 기울

였고, 필사본《조천일기》에는 각 이동 일자에 맞추어 확보한 공문서의 내용을 상세히 수록해 놓았다.

이처럼 이상향으로서의 중국과 현실의 중국에 대한 치열한 모색은 질정관 조헌을 통해《조천일기》로 구체화된 것이다.

여행의 기록, 만남과 이별

《조천일기》는 여행에 관한 기록이기도 하다. 사행은 조선을 떠나 북경으로 가는 긴 여행임과 동시에 수많은 지인들을 단기간에 압축적으로 만날 수 있는 교류의 장이 되었다. 서울에서 동료들과 친우들의 전송으로 시작된 조헌의 여정은 개성, 평양을 거쳐 의주로 이어졌다. 조헌이 가진 호방한 기질 때문인지, 그가 전별식에서 보인 술에 대한 애착은 유독 각별했다. 사현沙峴에서 취기를 이기지 못하고 쓰러져 있다가 뒤늦게 서장관이 출발했다는 소식을 듣고 부랴부랴 쫓아가는 모습, 취한 상태로 강물에 비친 자기 그림자에 놀라는 상황, 취기로 인해 넘어지고 자빠져 멍든 몸을 추스르는 기록들은《조천일기》곳곳에 서술되어 있다. 조헌에게 있어 전별연은 반가운 벗들과 함께 흠뻑 취하는 즐거운 이별이기도 했던 것이다.

그러나 모든 이별이 즐겁지만은 않았다. 특히 사행단이 잠시 머문 정주定州는 눈물의 공간이었다. 조헌을 만나기 위해 구성龜城에서 정주까지 온 외삼촌과는 고작 사흘밖에 함께하지 못했기에 아쉽고 그리운 마음을 시를 지어서라도 달래야 했다. 또한 정주에서 관직 생활을 할 때 인연을 맺은 기생과 그 사이에 난 아들 충근忠勤과의 짧은 만남은 조헌의 발걸음을 더욱 무겁게 했다. 충근 모자는 평양 근처에서 사흘이나 조헌을 기다렸다가, 채 열흘이 되지 않는 짧은 시간을 함께 보냈다. 애틋한 만남의 끝에 다시 먼 길을 떠나는 조헌을 전송하기 위해 충근 모자는 정주 경계까지 나와 배웅했지만 조헌은 그들을 향해 차마 얼굴을 돌리지 못했다. 눈물로 얼룩진 얼굴을 차마 보일 수 없었으리라.

중국과의 첫 만남은 조헌에게 결코 좋은 인상을 주지 못했다. 조헌 일행이 압록강을 건너 중국의 첫 번째 도회지라고 할 수 있는 요양遼陽에 이르렀을 때, 그곳의 총책임자는 끊임없이 물건을 요구하고 또 자신의 잘못을 조선 사신단에게 떠넘기기까지 했다. 중국인들의 탐욕은 여정 내내 끊이질 않았다. 심지어 명나라 최고의 교육기관인 국자감의 유생들조차 조선 사신들의 선물을 받고자 떼를 지어 다투는 상황까지 벌어졌다. 과연 이들에게 염치라는 것이 존재하는지, 중국을 동경하던 지식인으로서 조헌은 분노와 실망을 느낄 수 밖에서 없었다.

그렇지만 중화는 역시 중화였다. 요동의 지식인들은 조헌 일행과의 만남에서 출사出仕에 관한 의리를 논리적으로 제시했고 또 일행의 선물을 사양하는 예의를 보였다. 순천부順天府에서 만난 절강 유생의 깍듯한 예절은 조헌으로 하여금 부끄러움을 갖게 만들 정도였다. 과거에 합격한 또 다른 중국 지식인은 조선 사신들의 다양한 질문에 막힘없이 답해 주었고 의기투합하여 조선 사신들의 숙소에 찾아가겠다는 약속까지 했다. 더욱 반

가운 만남도 있었다. 명 사신일행을 따라 조선을 다녀갔던 한 유생이 조선 사신의 북경 도착 소식을 듣고 반가운 마음에 찾아온 것이다. 외국 사신의 이동을 엄격히 제한하던 문금門禁제도로 인해 자유롭게 대화를 나누지는 못했지만, 그 와중에도 조선에서 만난 지인知人들에게 시詩로써 안부를 전했다. 한문으로 이루어진 동문同文의 세계 속에서, 조헌 일행은 국가를 넘어선 새로운 만남을 지속하고 있었던 것이다.

400년도 넘는 오랜 시간 전에 조헌은 문명의 공간을 여행하고 그 견문을 바탕으로 《조천일기》를 남겼다. 오늘날 우리는 《조천일기》를 통해 무엇을 볼 수 있을까? 너무나 빠른 기술의 발달과 경쟁이 일상화된 사회 속에서 400년 전의 기록을 보는 것은 어쩌면 지나친 사치일지도 모른다. 그러나 제대로 된 한 걸음을 내딛기 위해서는 우리의 지나온 궤적을 뒤돌아보는 지혜가 필요할 것이며, 또한 한 번의 되돌아봄이 열 걸음의 전진보다 나을 수도 있다. 인문학의 본령이 곧 삶을 성찰할 수 있는 자양분을 제공하는 것에 있다고 한다면, 《조천일기》라는 일종의 시간 여행은 우리와 다른 시공간을 살던 선인의 자취를 통해 지금의 우리와 우리의 삶을 돌아볼 수 있는 계기가 될 수 있을 것이다.

발문

영조 10년(1734) 여름, 경연 도중 상께서 말씀하시길, "내가 고故 상신相臣 이정구李廷龜가 지은《서항의신편序抗義新編》을 보았는데 조헌趙憲의 절행節行이 탁월했다. 이 사람은 어떤 사람인가?"라고 하교하셨다. 연신筵臣이 "이는 세상에서 중봉重峯 선생이라고 부르는 사람입니다"라고 대답하고는 조헌의 일생에 대해 아뢰었다. 상께서 오랫동안 탄식하신 뒤 "근신을 파견해 그가 죽은 장소에 제사를 지내고, 또한 조헌과 같이 죽은 사람들에게도 치제하여 내가 매우 감동했던 뜻을 보내도록 하라" 하셨다. 연신들이 "조헌이 질정관이 되었을 때《조천일기》를 썼는데 사림들이 간행하려고 하고 있습니다"라고 하자, 상께서 가져다 보신 뒤 호서湖西 관찰사에게 간행하라고 서둘러 명령하셨다.

오호라! 이 책은 중간에 없어져 버려 비록 그 집안의 자손이라도 책의 존재를 알 수 없게 된 지가 100여 년이나 지났는데, 증손 조광한趙匡漢이 우연히 오래된 상자 속에서 발견해 간행하려고 했지만 그러지 못했다. 지금 임금께서 이러한 명령을 내리셨으니 얼마나 다행인가! 이로부터 집안에 소장하던 것을 남들이 알게 될 것이니《조천일기》가 사라졌다가 나타나게 된 것이 운명이 아닌가! 한편 조헌 선생께서는 주나라의 문화를 지향하는 뜻(東周之義)이 《동환봉사》 안에 갖추어져 있으며, 이 책은 여행 도중 손수 차기箚記를 쓰신 것이라 사건들은 번쇄하고 글자는 오류가 많으니 책으로 만들기 부족하다고 생각하시어 간행할 필요가 없다고 여기신 것일 수도 있다. 그러나 생각해 보면 선생의 손때가 묻은 글들은 양이 많고 적음을 떠나 후학들이 당연히 보물과 같이 여길 것이니 매몰되게 해서는 안 된다. 하물며 여행 도중 급박한 와중에서도 사람들이 하나라도 작은 선행을 하면 바로 써서 기록하여 끊임없이 칭찬하셨으니, 여기에서 덕을 좋아하시는 선생의 성덕盛德을 더 잘 볼 수 있다. 따라서 후학들이 당연히 본받을 것이 아니겠는가. 그런즉 이 책의 간행을 또한 어찌 그만둘 수 있겠는가.

올해 가을 봉조하奉朝賀 신臣 민진원閔鎭遠이

배수拜手하며 삼가 발跋하노라.

1. 연행의 시작과 작별

한양에서 의주까지(5월 11일~6월 15일)

5월 11일, 맑음

한양(경복궁 → 모화관) → 경기도 고양(벽제역)

나는 이번 사행使行에 질정관質正官으로 임명되었다. 아침에 궐에 들어가 배사拜辭[1]하려고 했는데 타고 간 말이 말썽을 부려 늦게 도착했다. 서장관書狀官인 감찰 허미숙許美叔을 보루각報漏閣에서 만났다. 근무 중이던 정자正字 김중숙金重叔, 수찬修撰 윤백승尹伯昇, 좌랑佐郎 이경함李景涵, 정자 홍희고洪希古, 주서注書 허자신許子新, 주서 최대중崔大中, 한림翰林 김자앙金子盎[(按) 김중숙의 이름은 진進이다. 허자신의 이름은 응남應南이다. 윤백승의 이름은 현晛이다. 이경함의 이름은 발潑이다. 홍희고의 이름은 명銘이다. 최대중의 이름은 운단雲溥이다. 허봉의 일기에 따르면 자앙子盎은 곧 김수金晬다. 그러나 김수의 비碑에는 '자앙子昻'이라고 되어 있으니 나중에 글자를 바꾼 것인가?〕등 여러 벗이 연이어 작별하러 왔다.

정사正使 박사암〔(按) 박사암의 이름은 희립希立이다〕공과 함께 경회문慶會門 밖으로 가자 국왕께서 내관에게 명을 내려 빈청賓廳에서 술을 하사하셨다. 여덟 번 절하고 배사를 마친 뒤 표문表文을 받들고 문을 나섰다. 정사, 서장관, 질정관은 모두 표문 뒤에 섰다. 모화관慕華館에 이르러 이탁李鐸[2] 공과 노수신盧守愼[3] 공께 찾아가 인사를 드렸다. 인사할 때 영의정에게 읍揖한 다음 우의정에게 읍했다. 또 서쪽을 향해 경卿들에게 읍하고서 나왔다〔(按) 이 당시 이탁이 좌의정이었고 노수신이 우의정이었는데, 여기에서 영의정이라고 부른 것은 이탁 공께서 오랫동안 영의정을 지내다가 직급이 좌의정으로 낮춰 임

---

1 지방관 혹은 서울을 벗어나 일을 행하는 관직에 임명되었을 때, 부임지로 떠나기 전에 국왕을 뵙고 임명에 대한 감사의 표시로 절을 하고 하직 인사를 드리는 일.

2 1509~1576. 조선 중기의 문신. 본관은 전의全義. 자는 선명善鳴, 호는 약봉藥峰. 1553년 진헌사進獻使로 명나라에 다녀왔다. 1571년 우의정을 거쳐 이듬해 영의정에 올랐다.

3 1515~1590. 조선 중기의 문신. 본관은 광주. 자는 과회寡悔, 호는 소재蘇齋·이재伊齋. 대윤大尹 계열의 정치인으로 여러 차례 정치적 부침을 겪었다. 1573년 우의정을 거쳐 좌의정·영의정을 차례로 역임했다. 이황·기대승 등과 주자의 인심도심설人心道心說을 놓고 논쟁을 벌이기도 했다.

명되었기 때문에 그대로 영의정이라고 부른 것인가?).

사인소舍人所[4]에서도 우리 일행을 전별해 주었다. 이때 먼저 사인舍人 정지연鄭芝衍에게 읍하고 참관參判 이계진李季眞에게 읍했다. 열심히 중국어를 배우라고 권하셨다. 우윤右尹 윤자고尹子固[5]가 행의行衣[6]를 보내 주기로 했다. 잔을 돌리고 나왔다〔按〕 계진의 이름은 후백後白이고 자고의 이름은 근수根壽다〕.

본관本館[7]에서 전별할 때 좌랑 나성좌羅成佐, 박사博士 조신민曹信民이 모두 부채를 보내 주었다. 저작著作 이자수李子遂는 편지로 오지 못한다고 했다. 박사 최선우崔善遇, 정자 정굉도鄭宏度는 시를 주었다. 사록司錄 이경우李景愚, 정자 최지한崔之翰, 정자 김 아무개는 미리 마중 나와 전별해 주었다. 이어서 좌랑 신입지申立之의 거처에서 작별 인사를 했다. 곧 순창령順昌令 군준君俊, 좌랑 홍흥도洪興道, 좌랑 한덕재韓德載, 허자신, 이경함의 거처로 가서 전별을 겸해 경계해야 할 일들에 대해 들었다. 동석자는 운판運判 최 아무개와 박응초朴應初였다. 술에 취하자 민서초閔恕初가 노래하는 아이를 시켜 술 한 사발을 보내 강권했으나 마실 수 없다고 둘러댔다. 윤문옹尹文翁의 술잔은 받기만 하고 마시지 않았다 〔按〕 나성좌의 이름은 신국藎國이다. 조신민의 이름은 경중景中이다. 이자수의 이름은 구構다. 최선우의 이름은 경회慶會다. 정굉도의 이름은 언홍彦洪이다. 이경우의 이름은 기남期男이다. 최지한의 이름은 진국鎭國이다. 홍흥도의 이름은 가신可臣이다. 한덕재의 이름은 백후伯厚다. 운판의 이름은 황滉이다. 박응초의 이름은 순원舜元이다. 민서초의 이름은 충원忠元이다〕. 이처럼 동료들과 서로 잘 알고 지내던 친구들이 소나무 아래에서 함께 전별

---

4 사인소는 태조 당시 의흥삼군부義興三軍府에 소속되어 양반 자제들의 교육을 담당하는 기관이었다. 그러나 태종 원년 의흥삼군부가 개편된 점, 조선 전기 사인이 의정부에 소속되어 의정부와 국왕과의 연락을 담당하는 직책이었던 점을 고려하면 여기에서 언급한 사인소는 의정부 사인의 업무 관청으로 보인다.

5 1537~1616. 조선 중기의 문신인 윤근수를 가리킨다. 자는 자고, 호는 월정月汀. 윤두수尹斗壽의 동생이다. 임진왜란이 일어나자 예조판서로 기용되었으며, 문안사問安使·원접사遠接使 등으로 여러 번 명나라에 다녀왔다.

6 소매가 넓은 두루마기에 검은 천으로 가장자리를 꾸민 유생儒生의 윗옷.

7 조헌은 1572년부터 교서관校書館(경서의 인쇄나 교정을 맡은 관아)에서 근무했으므로 1574년 당시에도 여전히

⊙ 정선이 그린 〈서교전의도西郊餞儀圖〉
인왕산 주변에서 북경으로 떠나는 일행을 송별하는 모습이다. 국립중앙박물관 소장.

해 주었다. 술에 취해 사현沙峴[8] 북쪽에 누워 있었는데, 충의忠義 이윤종李胤宗, 내금內禁 김양중金良仲, 조대措大 김윤집金允執, 수재秀才 남의중南宜仲이 홍제원弘濟院에서 기다리고 있다가 내가 취해서 사현에 쓰러져 있다는 말을 듣고는 도로 내가 누워 있는 곳으로 왔다(按) 남의중의 이름은 치리致利다]. 나는 고개를 들기 어려워 누운 채로 알아서들 술을 마시라고 했다.

해질 무렵 정사와 서장관이 먼저 출발했다는 소식을 듣고서 그제야 일어나 벽제역碧蹄驛[9]에 투숙했다. 가는 도중 벽제역까지 5리 정도 남았을 때 뿔피리 소리를 듣고는 사람을 시켜 멈추게 했다. 도착해 보니, 고양 지역의 친우인 내금內禁 신 아무개 부자와 김군거金君擧 형제가 먼저 도착해서 기다리고 있었다. 함께 음식을 나눠 먹으며 이야기를 나눴다. 마을 아전이

교서관에서 근무했을 가능성이 매우 높다. 따라서 본관은 교서관으로 보인다.
8 서울시 서대문구 현저동에서 홍제동으로 넘어가는 고개.
9 홍제원과 벽제역은 모두 중국 사신이 한양에 들어오기 전에 유숙하던 곳으로 각각 현재의 서울시 서대문구 홍제동과 경기도 고양시 고양동 일대에 있었다.

음식을 차려 주려고 했지만, 민폐를 끼칠까 걱정되어 물리치고는 한 사람 분의 음식만 받았는데, 이는 신 아무개의 노비가 혹여 굶고 있을지도 몰랐기 때문이다. 사수士修는 소를 타고 왔다. 윤중거尹仲擧도 왔다.

5월 12일, 맑음
고양(혜음현) ⟶ 파주

고양군의 훈도訓導가 아침에 편지를 보내서 오지 못한다고 했다. 나는 홍 어르신께 갈모와 부채를 보내고 진작 문안하지 못한 점을 사과했다. 홍 어르신이 곧바로 오셔서 전별해 주셨다. 이 편에 평산향교平山鄕校로 편지를 부치고, 비로소 정백인鄭伯仁의 죽음에 대해 들었다. 이 때문에 차마 고기를 먹을 수 없었는데 억지로 권하기에 그제야 맛을 보았다.

　서헌西軒에서 서장관을 만날 때 군수郡守 이충원李忠元[10]이 먼저 도착해 있었고, 연서延曙 찰방察訪 우천기禹天機가 이어서 왔는데 의관이 단정하지 않았다. 동헌東軒에서 정사를 뵈었지만 실례를 범해서 읍배揖拜가 제대로 이루어지지 않았다. 신 아무개, 윤 아무개, 김 아무개 등 다섯 사람과 작별했다. 포의布衣를 김군거에게 주고 모자와 부채를 그의 형에게 주었다. 신 아무개와 윤 아무개는 포의 등을 따로 구할 수 있었기 때문에 붓만 주었다. 종인從人 둘과 함께 혜음현惠音峴을 넘어 오시午時 무렵에 파주에 이르렀다. 우계牛溪 성혼成渾[11] 선생께서 먼저 편지를 보내, 답장을 기다리고 있

IO　1537~1605. 조선 중기의 문신. 본관은 전주. 자는 원보元甫, 호는 송암松菴. 1592년(선조 25) 임진왜란 때 형 조참의로서 왕을 의주까지 호종扈從했다.

II　1535~1598. 조선 중기의 성리학자. 본관은 창녕. 자는 호원浩原, 호는 묵암默庵·우계. 동서 분당 시기 서인 과 정치 노선을 함께했고 이이와 함께 서인의 학문적 원류를 형성했다.

으나 찾아오지는 말라고 권유하셨다. 나는 바로 사람을 보내어 감사 편지를 드리고 가르침을 구했다.

목사牧使가 작은 정자에서 전별해 주었다. 헌납獻納 윤탁연尹卓然[12]을 처음 만났다. 상중尚中은 부모님을 뵈러 우봉牛峰에 갔다가 돌아오는 길에 전별해 주었다(서장관의 윗자리에 앉았다). 태중兌仲의 어진 행실에 매우 감탄했다(按 상중의 이름은 탁연卓然이고, 태중은 김택金澤[13]의 자다).

성혼 선생께서 답장을 보내 엄격히 자신을 단속하고 직분에 충실하라고 훈계해 주셨다. 또한 명예를 좇는다는 비난을 회피하지 말라고 권하셨다.

교생校生 이응춘李應春, 이응인李應仁, ○○○, 안기종安起宗 등이 찾아왔다. 이응인에게 붓을 나눠 주고 안기종 등에게는 부채를 나누어 주었다.

이때부터 음식을 줄여 될 수 있는 한 간소하게 했다.

5월 13일, 맑음
파주 → 장단(동파역) → 개성

목사 유종선柳從善[14]이 동헌에서 식사를 대접하고 주연을 베풀어 전별해 주었다. 목사에게 김순원金舜元이 매우 궁핍한 상황임을 힘써 이야기해 애매모호한 작지作紙[15]를 덜어 달라고 부탁했더니 허락해 주었다. ○○에 편지로 알리고 가서家書를 써서 부쳤다.

서장관은 선영先塋에 성묘하는 일 때문에 먼저 장단長湍으로 갔고, 나는

---

12 1538~1594. 조선 중기의 문신. 본관은 칠원漆原. 자는 상중, 호는 중호重湖. 1574년(선조 7) 종계변무宗系辨誣를 위한 주청사奏請使로 명나라에 다녀왔으며, 1589년 종계변무가 마무리된 뒤에도 사은사謝恩使로서 명나라에 파견되었다.

13 1516~1578. 조선 중기의 문신. 본관은 상산商山. 자는 태중, 호는 양진당養眞堂. 을사사화 때 희생된 여러 사람의 신원伸寃에 앞장섰으며, 공신들의 위훈僞勳을 깎고 관작을 회복하자고 상소했다.

14 1519~1578. 조선 중기의 문신. 본관은 진주. 자는 택중擇仲, 호는 겸재謙齋. 1555년 성절사의 서장관으로 명나라에 다녀왔다.

정사와 함께 율곡, 즉 승지承旨 이숙헌(李珥)[16] 선생을 찾아뵙고 허자신의 편지를 전해 주었다. 선생께 이전에 북경에 갔을 때 어떤 예식으로 사신을 만났는지 여쭈어 봤더니, "읍례揖禮만을 했다"라고 대답하셨다. 조회를 할 때는 어떤 의복 차림을 했었는지 여쭈어 보자, "노자로 금단령錦團領으로 된 석의裼衣[17]를 샀다. 옷을 입고 나서는 처치하기가 어려워서 서리에게 주었다"라고 하셨다. 대화를 마치고 감사監司 이 아무개와 선사宣沙의 이 아무개에게 편지를 부쳤다(按 이때 조헌 선생은 율곡·우계 두 선생과는 사제 관계가 아직 정해지지 않았다. 감사는 이문형李文馨이다).

임진강을 건너 동파역東坡驛에서 점심을 먹었는데, 장단의 신申 숙부께서 조카 윤탕빈尹湯賓, 윤오빈尹虞賓, 홍천기洪天幾와 함께 먼저 와서 기다리고 있었다. 갈모를 숙부에게 드리고 윤탕빈 등에게는 붓을 주었다.

개성에 다다르자 개성 유수

● 조선시대 관원의 의복
조선 후기 화원 이한철이 1857년 그린 김정희의 초상화로, 오사모와 흑단령을 착용한 모습이다. 단령은 조선 관리들의 관복 중 하나로 깃을 둥글게 만든 옷이다.
개인 소장.

15 징수한 공물을 호조의 창고에 입고시킬 때 첨부하는 각종 수수료.
16 1536~1584. 조선 중기의 문신·학자. 본관은 덕수德水. 자는 숙헌叔獻, 호는 율곡栗谷·석담石潭·우재愚齋. 1554년 성혼과 교분을 맺었다. 1558년 23세 되던 해에 예안禮安의 도산陶山으로 가서 당시 58세였던 이황을 만났다. 1568년 천추사千秋使의 서장관으로 명나라에 다녀왔다. 당시 사회의 제반 시폐에 대한 개혁안을 제시했으며, 동서분당을 타파하기 위한 보합조제론保合調劑論을 제시했다. 그의 사상과 철학은 17세기 이후 그의 문인들로 형성된 서인 노론계의 이념적 기반이 되었다.
17 갖옷 위에 걸치는 옷으로 중의中衣라고도 한다.

유홍俞泓[18]이 사람을 시켜 문안했고, 개성부에 이르니 전별연을 베풀어 위로해 주었다. 경력經歷 윤승철尹承吉도 사람을 보내 문안을 여쭈었다. 풍덕豐德에 사는 친척 김승근金承瑾과 김승서金承瑞가 먼저 도착해서 기다리고 있었는데, 술을 가지고 와서 위로해 주었다.

5월 14일, 맑음
개성

지난 4일 부모님께 하직 인사를 드릴 때 문득 어깨 쪽 피부가 붉게 변했다는 것을 알게 되었다. 부모님께 심려를 끼칠까 걱정되어 교수敎授 진극성陳克誠에게 침을 맞았더니 점차 괜찮아지는 것 같았다. 다시금 주의해야겠다고 생각해 개성부 의원에게 한 번 더 침을 놓게 했다. 이 때문에 개성부에 머물렀다.

노비 수림이 주인에게서 도망친 지가 매우 오래되었는데 동파역에서 우연히 만났다. 숙소로 데리고 와 장을 치고 허접인許接人[19]에게 딸려서 통진通津[20]에 사는 모친에게 돌려보냈다.

개성부의 관원이 여행 물품으로 촛대 한 부部를 주며 전별해 주었다. 장기한張起漢, 즉 장사걸張士傑이 찾아왔다. 그에게 들으니, 도사都事 이창李憁이 개성부에 부임한 뒤에 매우 검소하게 생활하며 저자에서 쓸데없이 징수하던 폐단을 전부 없애서 사람들이 매우 편안해 했다고 한다. 장기한과

---

18 1524~1594. 조선 중기의 문신. 본관은 기계杞溪. 자는 지숙止叔, 호는 송당松塘. 1587년 명나라에 사신으로 가서 《대명회전大明會典》에 태조 이성계가 고려의 권신 이인임李仁任의 아들로 잘못 기재되어 있던 것을 바로잡았다.
19 허접은 도망친 죄수나 노비 등을 숨겨 묵게 하는 일을, 허접인은 그런 일을 하는 사람을 가리킨다.
20 경기도 김포 일대의 옛 지명.

함께 묵으며 시를 지어 주었다.

장식張寔이 찾아왔다. 장식과는 신미년(1571, 선조 4) 가을에 신관神館에서 만난 적이 있다.

해질 무렵 서장관과 함께 포은圃隱 정몽주鄭夢周 선생을 모신 문충당文忠堂에 알현했다. 문충당은 개성부 동쪽에 있었는데 포은 선생의 옛 집터라고도 한다. 그 아래에는 강당과 기숙사(爾齋)가 있다.

남산화원男山花園[21]에 올라가 태조께서 국초에 즉위하신 경덕궁敬德宮[22]을 보았다.

5월 15일, 맑음
개성 → 황해도 우봉(박연폭포) → 운거사

아침에 개성부 관원인 경력 윤승철, 도사 이창이 서장관의 숙소로 왔기에 나도 가서 작별했다. 태평관大平館에서 영빈관迎賓館을 거쳐 북쪽으로 40여 리 갔다. 박연폭포로 가다 보니 가뭄이 매우 오래되고 돌길은 울퉁불퉁해서, 말이 앞으로 갈 수도 없고 길 앞에는 먼지가 가득했다. 결국 시 한 소절을 읊으며 스스로 마음을 달랬다.

瓢淵不必勝牛溪 박연이 우계보다 반드시 좋은 것은 아닌데

石路難容接馬蹄 돌길에 말발굽 디디기 어렵네

---

21 남산은 개성부 동남쪽에 있던 산으로, 자남산子男山이라고도 한다. 남산 아래에는 공민왕이 만든 꽃밭과 팔각전八角殿이 있는데, 남산화원은 이곳을 말하는 것으로 보인다.
22 태조 이성계가 임금이 되기 전에 개성에서 살던 집으로, 임진왜란 때 화재로 없어졌다.

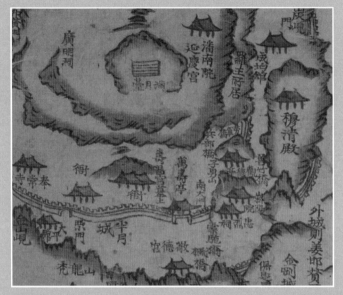

◉ 〈광여도〉중 개성 남산 일대 지도
정몽주와 관련된 선죽교와 숭양서원 및 이성계의 사저였던 경덕궁이 있다. 규장각 소장.

◉ 숭양서원崧陽書院
정몽주의 충절을 기리기 위해 선죽교 위 그의 집터에 세웠다.

要覓奇觀憚受益 기이한 경관을 보려 하면 할수록 어려움은 더욱 늘어나니

此生行止可堪棲 이 한 몸 여행길, 서글프구나!

박연폭포로 들어가니, 우봉 현령縣令이 술과 음식을 차려 놓고 기다리고 있었다. 우봉 현령은 윤이尹洏인데 헌납 윤탁연의 아버지다. 파주에 머물 때, 윤탁연이 우리 일행에게 말하길, '황해도 관찰사가 백사정白沙汀[23]을 보고자 했지만 가뭄 때문에 행차를 멈추었다고 합니다'라고 했다. 가지 않기를 바란 것이었으나 정사께서 반드시 다녀오고자 하셨기에 윤탁연이 사람을 보내 우봉에 먼저 연락을 한 것이다. 우리 일행 외에 기린찰방麒麟察訪 유영성柳永成도 참석했다. 소나무 아래에 앉아서 음식을 먹은 뒤 서장관과 함께 못가에 올랐다. 간편한 차림을 하고서는 목이 마르면 맑은 시냇물을 손으로 떠 마시고, 힘이 들면 숲속 바위 밑에서 쉬었다. 맑고 깨끗한 맛은 비록 신추辛秋[24]보다는 못하겠지만, 찌는 듯 무더운 여정에는 그래도 작은 위안이 되기에 충분했다. 대흥천석大興泉石[25]에 가 보려고 했는데, 내가 서장관께 "우리의 걸음으로 온종일 부지런히 걸어간다면 비록 만족할 만한 지점에 이르더라도 또한 여력이 있을 것입니다. 다만 사행이 막 시작되어 긴 여정이 아득하니 힘을 아껴야만 먼 길을 보장할 수 있을 것입니다"라고 했더니 서장관이 즉시 행차를 멈추었다. 남의 말을 즐겨 들음이 이와 같았다. 이에 관음굴까지만 갔다가 돌아왔다.

저녁 때 다시 운거사雲居寺[26]에서 함께 잤다. 운거사가 있는 골짜기에 사람과 말소리가 가득하니, 비록 돌부처였다 하더라도 그 자리를 떠나고자

23 황해도 장연 서쪽에 위치한 유람지.《신증동국여지승람》에서는 '(백사정은) 3면이 바다인데 흰 모래가 평평하게 깔리고 바람을 따라 이리저리 밀려 쌓여 언덕을 이룬다. 어린 솔과 해당화가 붉고 푸르게 서로 비치는데 유람하는 사람들이 줄을 잇는다'고 표현했다.
24 신미년(1571) 가을로 추정. 당시 율곡에게 인사하러 갔을 때 송도에서 유람했다는 기록이 있다.
25 천마산과 성거산 사이에 있는 대흥동 일대로, 박연에서 관음굴을 지나 몇 리 더 올라가면 사방이 돌로 둘러싸인 못이 나오는데 대흥천석은 이곳을 말하는 것으로 추정된다.
26 박연폭포 아래에 있는 절로, 조선시대 고지도에서는 '성거사聖居寺'라고도 표기되어 있다.

● 박연폭포

강세황이 개성 일대를 여행하고 그린 《송도기행첩松都紀行帖》에 포함되어 있다.
국립중앙박물관 소장.

했을 것이다((按) '운거'의 '운雲'은 아마도 '성聖' 자의 오기인 듯하다. 아래도 마찬가지다).

5월 16일, 맑음
우봉 → 평산(저탄 → 금암 → 평산 읍내)

서쪽으로 40여 리를 갔다. 산골짜기가 기이하고 험준했다. 회란석廻瀾石 아래에 도착했다. 우봉 현령이 미리 하리下吏에게 장막을 치고 음식을 준비하게 했다. 이전에는 박연폭포로 행차하면 으레 강음江陰에서 음식을 준비하게 했다. 그러나 이번에는 개성에 있을 때 우봉 현령에게 사적으로 부탁해 운거사에서 음식을 준비해 달라고 했기 때문에, 우봉 현령이 홀로 이틀 동안 음식을 제공해 주었다. 괴롭고 힘든 기색이 있는 듯했다. 식사를 마치고서 우봉 현령으로부터 신물贐物[27]로 쌀 한 자루, 콩 한 자루, 화금火金[28]을 받았다.

헌지獻之 심광보沈光甫가 평산에 왔다 박연에 가려고 하는 길에 먼저 와 우리를 기다리고 있다가, 술을 가지고 전별하러 왔다. 중국에 가면 의례 중에서 미심쩍은 부분을 물어봐 달라고 부탁했다. 전별연에서 윤영尹暎 어르신의 임벽대기臨碧臺記와 여러 현자의 시축詩軸을 보았다. 평산에 가는 길에 오수채吳守蔡와 이제윤李悌胤이 선행을 좋아한다는 이야기를 들었다.

말을 타고 저탄猪灘을 건넌 후 더위를 견딜 수 없어 금암金巖 아래에서

33

---

27 먼 길을 떠나는 사람에게 주는 노자나 물건.
28 수은을 이용해 금광석에서 뽑아낸 금.

쉬며 더위를 식혔다.

해질 무렵 평산에 도착했다. 광문廣文 홍자호洪子浩와 충의忠義 조준趙峻이 이야기하러 와 윤 어르신을 모시고 함께 대화를 나누었다. 어르신은 고인古人을 흠모하는 마음이 매우 커서 성현 중 도통道統을 전한 사람의 이름을 집 옆의 바위에 새기고 아침마다 참배했다. 자못 뜻이 있는 듯했으나 사람을 가르칠 때 사서史書로 하고 《소학小學》을 우선하지 않았다. 평산 부사府使 이지신李之信[29]으로부터 신물을 받았다. 이지신의 신물은 부모님께 보내려고 평산향교에 두었고, 우봉 현령의 신물도 함께 싸 놓았다. 홍자호에게는 부채와 붓, 조준에게는 부채와 젓갈, 윤 어르신께는 조기 열 속을 나누어 드렸다.

5월 17일, 맑음
평산(보산역 → 총수산 → 안성역) → 용천

보산역寶山驛을 지날 때 공생貢生(교생) 유운호劉雲湖가 절구絶句를 지어 가지고 왔다. 문장이 아낄 만해 물어보니, "전 수령 민서초 공이 사서를 읽는 것을 위주로 가르쳐서 이와 같습니다"라고 했다. 나는 먼저 《소학》을 읽은 뒤 서경書經을 읽을 것을 권했다[按 서경은 경서經書의 오류인 것 같다].

총수산蔥秀山 아래서 잠시 쉬었다. 산 아래에 시내가 있고 시냇가에는 바위 굴(巖穴)이 있었는데 용천수가 그 구멍에서 솟아 나왔다. 명나라 사신

29 1512~1581. 조선 중기의 문신. 본관은 우봉牛峰. 자는 원립元立, 호는 보진암葆眞菴. 1543년 식년문과에 을과로 급제. 황해도 관찰사를 역임했으며, 벼슬은 첨지중추부사僉知中樞府事에 이르렀다.

30 명의 《태조실록》과 《대명회전》에 조선의 태조가 고려 때의 권신 이인임의 아들로 잘못 기록되어 있어 시정을 여러 차례 요구한 끝에 1584년(선조 17) 5월 종계변무 주청사奏請使 황정욱黃廷彧 등을 보내어 바로잡은 일.

31 황해도 금천의 옛 지명인데, 여기서는 금천에 사는 지인을 말한다. 참고로 조헌은 5월16일 황해도 평산과 금천 일대에서 홍자호와 윤 어르신을 만났다.

허국許國이 이곳을 마음에 들어 해 '옥류천玉溜泉'이라고 이름 붙였다. 각자 한 바가지씩 마셔 보니 달고 시원하기가 비할 데가 없었다.

안성역安城驛에서 점심을 먹었나. 그 와중에 처음으로 종계변무宗系辨誣[30]에 관련된 기록을 보았다.

또한 윤 씨 집안 자제에게 배움이 없다는 것을 듣고는 한참 동안 탄식했다.

저녁에 용천龍泉에 도착했다. 서흥瑞興 부사 이경우李慶祐가 쌀 한 자루와 생선을 신물로 주어서, 홍자호의 작은집에 편지와 함께 보내 금릉金陵[31]에 대신 전달하게 했다.

안정란安庭蘭을 통해서 남명南冥 조식曺植[32] 선생의 격언을 들을 수 있었다. 안정란이 진지鎭之 서엄徐崦[33]과 함께 조식 선생을 뵈었는데, 마침 단양丹陽 수령이 술과 음식을 성대히 마련하여 선생을 대접했다. 선생께서 농담으로 말씀하시길, '음식이 맛있구나! 예전에 단양 수령에 제수되었을 때 부임하지 않았는데, 일찍이 이 같은 줄 알았다면 가지 않은 것을 후회했을 것이다. 그러나 이 음식은 먹기는 비록 쉬우나 마련하기는 심히 어려우니, 수령이 된 자는 이 음식을 편히 누리는 것에 따르는 어려움을 몰라서는 안 된다'고 하셨다 한다. 서엄이 술에 취해 소매를 걷고 노기를 띠며 선생을 붙들고 말길, '이와 같이 백성이 곤궁한 때를 만났으니 출사하여 구제함이 옳습니다. 어찌 고고히 은둔하여 하늘의 뜻을 저버릴 수 있겠습니까?' 하니, 선생께서 웃으신 뒤 잡은 손을 놓으시며 말씀하시길 '알았다. 내가 장차 나아가겠다'고 하셨다고 한다〔(按) 단양의 양陽은 성城의 오자인 듯하다〕.

---

32 1501~1572. 조선 중기의 학자. 이황과 더불어 영남 사림의 지도자 역할을 한 인물이다. 극심한 사화士禍期를 목도한 후 벼슬길에 나아가는 것을 포기하고 학문과 교육에만 힘썼다. 지리산 주변의 진주·합천 등지를 중심으로 활동한 조식과 그의 문인들은 안동 지방을 중심으로 한 이황의 학파와 더불어 양대 학맥을 이루었다.

33 1529~1573. 조선 중기의 문신. 자는 진지鎭之, 호는 춘헌春軒. 이황의 문인으로 당시의 시폐를 고칠 것을 주장하고 아첨하는 신하를 벨 것을 청한 강직한 면모를 지니고 있었으나 권세가에 부회한다는 비난을 받기도 했다.

5월 18일, 맑음

봉산(검수역 → 봉산 읍내)

검수劍水에서 점심을 먹었다. 가물고 더운 때라 길에 먼지가 많아 애를 먹었다. 검수역 안의 숙소 또한 담장을 마주보는 막힌 곳이어서 서장관의 방에 가서 함께 쉬었다.

역리驛吏를 조계금趙繼衿의 집에 보내고자 했으나 길이 멀어 하루 안에는 갔다 올 수 없기 때문에 그러지 않았다.

봉산鳳山에 도착하니 군수 성成 ○가 정자[34]에서 술자리를 베풀어 주었다. 서흥에서는 술을 끓여 대접해 준다고 들었는데, 과연 풍속에 따라 많이 끓여 주었다.

처음으로 활쏘기를 연습했다.

군수가 쌀자루와 여러 물건을 신물로 주었다. 훈도 정대붕鄭大鵬이 이야기를 나누러 왔다. 신영린申永麟이라는 사람이 먼 친척이라며 만나러 왔는데 잘 알지 못했다.

5월 19일, 오후에 비가 내림

봉산(동선령) → 황주(고석원 → 어사천 → 황주 읍내)

아침에 사람을 보내 군수에게 알려 광문廣文 정백인鄭伯仁의 초상에 부의

---

34 허봉許篈의 《조천기朝天記》 기사에는 서봉정棲鳳亭이라 기록되어 있다.

하도록 부탁하니 허락했다. 이에 쌀 열 말과 조租 열 섬을 부의했다. 정백
인은 군郡의 교생校生이었는데 형의 집에서 죽었다.

　동선령洞仙嶺을 넘어 고석원固石院[35]에서 쉬었다. 상사上使께서 황주에시
파견한 하리에게 장을 치셨다.

　어사천於沙川[36]에서 비를 만났다. 당시 오랫동안 가물어서 우구雨具가 모
두 뒤에 있었기 때문에 일행의 반 이상이 비에 다 젖었다. 황주黃州에서 묵
었다.

　황해 감사 민기문閔起文[37] 공께서 털 담요와 덧신 두 켤레를 신물로 보내
주셨고, 도사 황섬黃暹[38]이 편지를 보내 위로해 주었다. 각각 서신으로 답했다.

　응성應聖 김구金龜 어르신을 모셔 와 이야기를 나누며 연일 유숙했다. 김
어르신은 효자인데 성품이 자애롭고 유순했다.

5월 20일, 아침에 흐리고 저녁에 맑음
황주

황주에 머물렀다. 황주 판관判官 박세엽朴世燁이 만나러 왔기에 그와 더불
어 하리에게 장을 친 일에 대해 이야기했다. 박세엽이 쌀자루를 신물로
주었다. 이를 김응성金應聖 어르신 집에 맡겨 두었는데, 당시 내가 어르신
에게 말씀드리길, "길에서 보리와 밀이 모두 말라 죽은 것을 보고서는 마
음속으로 '가난한 부모님께서 여름을 지낼 방법이 없겠구나' 하고 생각했

35　허봉의 《조천기》 기사에는 '괴석원怪石院'으로 되어 있다.
36　황해도 황주 남쪽으로 흐르는 강으로 '어초천於草川'이라고도 한다.
37　1511~1574. 조선 중기의 문신. 본관은 여흥驪興. 자는 숙도叔道, 호는 역암櫟菴. 우승지右承旨, 대사성大司成
　　등을 역임했다.
38　1544~1616. 조선 중기의 문신. 본관은 창원昌原. 자는 경명景明, 호는 식암息庵・돈암遯庵. 호조참판, 대사
　　헌大司憲 등을 역임했다.

습니다. 어째서 전에 있던 걱정이 멀리 떨어질수록 더욱 깊어지는지요. 노자를 어르신 댁에 맡겨 놓고 노비가 돌아오는 날 가지고 가도록 시키고 싶습니다만 그것이 옳지 않음을 알기에 의리에 미안합니다. 이를 어떻게 해야 할까요?"라고 했다. 어르신께서 말씀하시길, "내가 보니 김태중金兌仲은 집에 노모가 계셨는데 때때로 남에게 뺏어서라도 봉양을 하더라. 하물며 이번에 여러 관리가 그대에게 의리로서 신물을 주었는데 그대가 그것을 효도하는 데 쓰는 것 또한 옳지 않겠는가?"라고 하셨다. 내가 답하여 말씀드리길, "스스로 청렴하다는 명망을 누리면서 부모님의 굶주림을 소홀히 하는 것은 제가 견딜 수 있는 바가 아닙니다"라고 했다. 이에 황주와 봉산에서 받은 쌀 네 자루와 덧신 두 켤레, 석쇠와 부지깽이를 맡겼다. 또 덧신 한 켤레와 촛대 한 쌍, 붓을 어르신께 드렸다.

판관이 광원루廣遠樓에서 전별연을 베풀어 주었다. 일행이 끓인 술 마시는 것을 즐긴다는 말을 듣고 판관이 바로 그날 밤 술을 데우게 했다. 서장관께 그 상황을 알리니 서장관은 술 마시는 것을 탐탁지 않게 여기셨다.

활쏘기를 했다. 김군택金君澤은 당시 주州의 교수敎授[39]들과 편을 나누어 거듭 활쏘기를 연습하다가 실수로 손등을 다쳐 이를 알리고 향교에 누워 있었다. 내가 가서 만나려고 했으나, 해질 무렵에 이야기를 나누러 왔기에 작별의 시를 주었다.

역학훈도 ○○가 《사성통해四聲通解》[40]를 가지고 있었다. 송대춘宋大春에게 빌려 오도록 한 후 붓과 초를 보내 감사를 전했다. 또한 김군택에게도 초와 붓을 보냈다.

38

---

39 향교를 지도하기 위해 둔 벼슬로, 주로 지방 유생의 교육을 맡았다.
40 한자를 운韻에 따라 분류한 책. 1517년(중종 12)에 최세진崔世珍이 신숙주가 편찬한 《사성통고四聲通攷》를 증보하여 편찬했다.

5월 21일, 맑음
황해도 황주 → 평안도 중화

아침에 판관과 대문 안에서 작별했다. 저복원貯福院에서 휴식하고 구현駒峴을 넘어 중화군中和郡[41]에 도착했다. 군수 중오仲悟 조방영趙邦穎이 쌀자루와 털 담요 등을 신물로 주고 저녁에 다시 작별하러 왔다. 이날 과거에 함께 급제한 봉사奉事 이희윤李希尹의 친가에 다과를 보냈다. 저녁에 그 아들이 와서 감사를 전했다. 공생 둘이 있어 절구로 시험해 보니 가르칠 만한 사람들이었다.

　서장관이 신영린申永麟을 하옥했다. 신영린은 사행과 관계가 없는 사람인데 상사의 삼자제三子弟임을 핑계 삼아 이르는 곳마다 역마를 잡아서 타고 음식물 등을 마련하게 했다. 군수가 그 상황을 말하자 서장관이 그를 잡아서 하옥시키고 죄를 청하려 했는데 상사가 여러 번 사람을 시켜서 끊임없이 방면해 주었다. 이 때문에 신영린에게 칼을 씌워 평양에까지 이르렀다가 하는 수 없이 석방했다.

5월 22일, 맑음
중화군 → 재송정 → 평양부

조방영이 작별하러 왔다. 길을 가다가 재송정栽松亭[42]에서 쉬었다. 생원生

---

41 평안남도 남부에 있는 지명. 황해도 황주와 맞닿아 있다.
42 평양 읍내 남쪽 재송원 근처에 있던 정자.

⊙ 김홍도가 그린 〈연광정연회도〉
연광정은 관서팔경의 하나로, 평양 대동강이 내려다보이는 덕바위 위에 있던 정자다.
국립중앙박물관 소장.

員 김덕호金德濠, 양득희楊得禧, 함종咸從의 훈도 김문표金文豹가 와서 맞이
해 주었다.

대동강에 이르니 감사 이문형李文馨[43] 공께서 술을 차려 놓고 맞이하며
위로해 주었다. 도사 이희득李希得[44]과 찰방 김희필金希弼도 위로연에 참석
했다. 그린 듯한 배와 맑게 갠 강이 매우 맑고 아름다웠다. 하지만 앞에 가
득 차려진 음식에 금파리가 떼 지어 몰려들었고, 무더위와 가뭄이 극성을
부리는 가운데 노래와 악기가 서로 뒤섞여 시끄러우니 온화하고 맑은 마
음이 싹 가셨다.

연광정練光亭에 도착했다. 연광정은 원래 초가지붕이었는데 홍연洪淵[45]
이 서윤庶尹일 때 기와로 바꿔 지었다. 다시 풍월루風月樓에서부터 복도複
道를 만들어 연광정에 이으려고 했는데, 목재와 기와가 이미 갖추어졌지
만 파직을 당해 마무리 짓지 못했다. 연광정에서 다시 술을 마시고 술자리

40

---

43 1510~1582. 조선 중기의 문신. 본관은 전의全義. 자는 형지馨之, 호는 졸옹拙翁. 1573년(선조 6) 평안도 관찰
    사가 되었다.
44 1525~1604. 조선 중기의 문신. 본관은 전주. 자는 덕보德甫, 호는 하담荷潭. 임진왜란 때인 1592년 북도순검
    사北道巡檢使를 지냈다.
45 생몰년 미상. 조선 중기의 문신. 본관은 남양南陽. 자는 덕원德源. 1561년 평양 서윤으로 재임 중 당시의 큰
    도적인 김산金山을 체포하는 공을 세웠다.

⊙ 김홍도가 그린 〈부벽루연회도〉
평양 부벽루는 남원 광한루·진주 촉석루와 더불어 조선시대 대표적 명승지였다.
국립중앙박물관 소장.

가 파한 뒤 풍월루 서쪽 방에서 묵었다.

5월 23일, 맑음
평양

아침에 영숭전永崇殿[46] 참봉 극기克己 정호인鄭好仁, 경윤景潤 민계閔洎, 교
관校官 강종경姜宗慶, 이 도사, 김 찰방 등 평양부 관원과 김덕호金德濩, 양
군희楊得禧, 함종 교관 김문호金文虎((按) '호虎' 자가 앞에서는 '표豹' 자로 되어
있다), 훈도 김이자金二子 등의 평양부 친우들이 연이어 이야기하러 왔다.

  쾌재정快哉亭에서 상사를 뵈었다. 감사께서 우리를 데리고 함께 장경문
長慶門[47]을 나섰다. 장경문 안쪽에는 정문旌門[48] 두 개가 있었다. 이윽고 부

벽루浮碧樓에 도착해 연회를 베풀어 주었다.

도사와 함께 활을 쏘았는데, 도사가 활 열 발을 잃어버렸다.

서장관은 짐바리를 다시 검사하는 일 때문에 나중에 도착했다. 목은牧隱
이색李穡의 시를 읊었다.

昨過永明寺 어제 영명사를 지나다가

暫登浮碧樓 잠시 부벽루에 올랐는데,

城空月一片 텅 빈 성에 조각달이 떠 있고

石老雲千秋 오래된 바위[49] 위에는 천년 동안의 구름이 흘러가네

麟馬去不返 기린마는 가서 돌아오지 않으니

天孫何處遊 천손은 어느 곳에서 노니는고

長嘯倚風磴 길게 휘파람 불며 바람 부는 비탈에 서니

山靑江自流 산은 푸르고 강은 저대로 흐르는구나

또 이색의 시를 읊었다.

麟去白雲窟 기린은 백운굴을 떠났고

龍歸芳草洲 용은 방초주로 돌아갔네

山河如昨日 강산은 바로 어제 같은데

有客獨登樓 객만 홀로 누각에 올랐구나.

---

49 기린굴麒麟窟에 있는 조천석朝天石을 말하는 것으로서, 이 바위에는 고구려 동명성왕이 기린을 타고 하늘
로 올라갈 때 디딘 말발굽 자국이 남아 있다고 한다.

◉ 조선시대 영명사
평양 부벽루 부근에 있는 사찰로, 광개토대왕이 세웠다고 전한다.

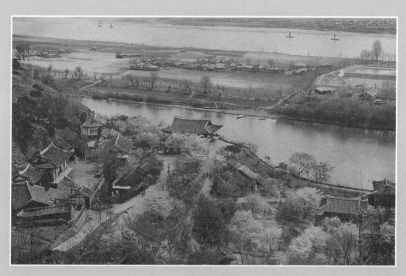

◉ 20세기 초 영명사
대동강변에 자리했고, 평양팔경 중에서도 손꼽혔다.

⊙ 1910년대 애련당
평양팔경의 하나로, 풍월루 앞 연못가에 있다.

서장관이 먼저 나간 것은 과거에 함께 합격한 이들이 함구문誠丘門[50]에다 술자리를 준비했기 때문이다. 모란봉 정상에서 승려를 모아 기우제를 지냈다. 내가 감사에게 "산 위에서는 기우제를 지내는데 누각에서 음악을 베푸는 것은 온당치 못한 듯합니다"라고 하니, 감사는 "먼 길을 가는 사람을 위로해서 보내지 않을 수 없네"라고 했다〔(按) 함구誠丘는 아마도 함구含毬의 오류인 듯하다〕.

저녁에 누선樓船[51]에 올라 대동강에서 평양부로 들어갔다. 취해서 흔들리는 그림자를 알아보지 못했으니 우스웠다.

5월 24일, 맑음
평양

상원활혈탕傷元活血湯[52]을 먹었다. 전날 저녁 계단에서 떨어졌기 때문이다〔(按) '상傷' 자는 아마도 '복復' 자의 오류인 것 같다〕.

전관殿官, 학관學官, 평양부의 벗들이 연일 만나러 왔다. 함경 감사 박대립朴大立[53] 공께서 신물로 노루 털 담요, 대구 스무 마리, 북도北道 병사兵使

---

50 평양성 남문.
51 다락이 있는 배로, 주로 해전이나 뱃놀이에 쓰였다.
52 멍이 들거나 타박상에 쓰는 약.
53 1512~1584. 조선 중기의 문신이자 이황의 문인. 본관은 함양咸陽. 자는 수백守伯, 호는 무환無患. 1567년 동지사의 서장관으로 명나라에 다녀왔다.

김우서金禹瑞[54] 공께서는 대구 한 동同, 문어 한 속을 보내 주셨다. 편지로 감사를 전했다.

도사와 찰방이 애련당愛蓮堂으로 이야기하러 왔다. 여오汝悟가 편지와 함께 삼베 치마를 보내 주었다. 편지를 보내 감사를 전했다.

판관 김연광金鍊光을 누각 위에서 만났다. 감사, 부관府官, 찰방이 쌀 다섯 자루, 모자집 두 개, 가죽 상자 하나, 고두叩肚 하나, 유의襦衣[55] 하나, 미투리 하나, 망건 하나, 구통具桶 하나, 승상繩牀[56] 하나, 편자鞭子 하나, 녹피화鹿皮靴 하나, 우구雨具 세 개를 신물로 주었다. 은산殷山 수령이 첩석貼席과 피하皮蝦를 신물로 주어 감사를 전했다.

5월 25일, 맑음
평양

평양 사람인 교감校勘 이수녕李壽寧과 평양부의 벗들이 와서 이야기했다. 감사가 초청했기에 같이 연광정에서 식사를 한 뒤 영귀루詠歸樓에 가서 연회를 베풀어 주었다. 처음으로 평양성 밖에 있는 기자정箕子井과 정전井田 터를 보았다. 밀물 때 배에 올라타 동남쪽으로 가려고 했는데, 서장관이 뒤따라와서 다른 배를 타고 참석했다. 서장관은 아침에는 기운이 편안치 못해 참석하지 않았다가 지금 온 것이다. 배를 대동문 밖에 정박시키고 술을 많이 마신 뒤 돌아왔다.

---

54 1521~1590. 조선 중기의 무신. 1536년(중종 31)에 무과에 급제한 뒤 북방 지역에서 벌어진 여진과의 전투에서 공을 많이 세웠다.
55 남성용 저고리.
56 새끼줄을 꼬아서 만든 교의交椅.

5월 26일, 아침에 흐렸고 오후에 비가 오기 시작함
평양

부모님께 보낼 물건을 길비吉非의 집에 맡겼다. 쌀 두 자루를 이자수李子遂의 딸에게 주었다.

서장관과 함께 칠성문七星門을 나가 기자묘箕子廟[57]에 배알拜謁했다. 기자묘는 성 바깥 서북쪽 구석에 있다((按)'묘廟'는 '묘墓'의 오류인 것 같다. 아래도 같다).

을밀대乙密臺[58]에 올랐다가 다시 영숭전의 영전影殿으로 가서 전배展拜했다. 영숭전에 태조太祖의 어용御容이 있었기 때문이다. 참봉이 머무르는 처소에서 참봉 정극기鄭克己(정호인), 민경윤閔景潤(민계)과 잠시 이야기를 나누었다.

풍월루로 돌아와 영빈대문迎賓大門 밖에서 제향祭香을 맞이했고, 이때 상사의 명령으로 도사 윗자리에 섰다. 중정中庭으로 들어가 사배례四拜禮를 했다. 평사評事 유필인兪必仁이 한양에서 왔다. 도사와 찰방과 함께 풍월루에서 마셨다. 술자리는 밤이 되어서야 파했는데 나는 먼저 돌아가 잤다.

감사께서 지의紙衣[59]를 만들어 보냈다. 심한 추위 때문에 병이 생길까 걱정되어 술자리에서 요청했었다.

변방 근처에는 위험한 일이 많아서 판관에게 철을 보내 대검을 주조해 달라고 했는데 이날 보내 주었다. 김양선金良善, 김자정金自貞이 만나러 왔다.

46

---

57 칠성문은 모란봉에 있는 고구려 때 평양성의 북문이고, 기자묘는 평양 북쪽 토산 위에 자리한 기자의 묘다.
58 평양 금수산 꼭대기에 있으며, 사허정四虛亭이라고도 한다.
59 솜 대신 종이를 두어서 만든 겨울옷.

5월 27일, 비
평양(읍내 → 강복원) → 순안

순안順安 현령 이소李紹가 만나러 왔다. 찰방이 작별하러 왔다. 감사께서 연광정으로 초청해 식사를 대접해 주었다. 상사가 이곳에 머무르고 있었기 때문에 연광정에서 여러 번 접대했다.

도사와 질정관의 자리를 의논해서 결정했다. 도사가 이미 수은搜銀[60]하라는 명을 받았지만 질정관은 단지 7품관이었기 때문에 의주에 도착해서 도사와 질정관의 자리를 정했다. 또한 감사에게 '질정관이 사신을 뵐 때 어떤 예를 해야 합니까?'라고 여쭈어 보니, 감사가 '공례公禮 외에는 원래 배례拜禮가 없다'고 했다.

감사께 읍을 하며 작별 인사를 드리고 보통문普通門[61]에서 출발했다. 기자묘 아래에 이르러 말에서 내렸다. 강복원降福院에 도착하자 큰비를 만나 잠시 쉬었다. 순안에 이르니, 정주 기생이 충근忠勤을 데리고 3일 먼저 와서 기다리고 있었다.[62] 아비가 제 자식을 만나니 그 마음이 어떠하겠는가. 순안현 훈도 박웅朴雄이 이야기하러 왔다. 순안 현령이 쌀자루를 신물로 주었다.

---

60 사행이 왕래할 때 필요 이상의 은을 가져가는지 조사하고 수색하는 것.
61 평양성의 서문.
62 조헌이 정주 교수로 재직할 당시 기생과의 사이에서 낳은 조완도趙完堵를 사행 도중 만난 것으로 추정된다. 《승정원일기》 영조 34년 10월 16일 기사 참조.

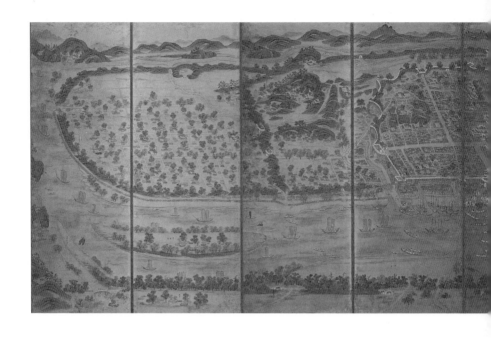

5월 28일, 아침에 맑았다가 저녁에 비
순안 → 숙천

역졸驛卒이 정주 기생이 탈 말을 구해 준비해 놓았으나 거절하고 내가 가져 온 말에 태웠다. 어파원魚坡院[63]에서 쉬었다. 숙천肅川에 도착하니 숙천 부사 이원성李元誠이 동헌에서 연회를 베풀어 주었다. 자산慈山 훈도 송성백宋誠伯이 찾아왔다.

---

63 평안남도 숙천 남쪽에 있던 역으로 통녕원通寧院으로 불렸다.

⊙ 기성도병箕城圖屛

평양성과 부근을 그린 8폭
병풍으로 된 지도로, 기성箕城은
평양의 또 다른 지명이다.
1~2폭에 정전과 기자정이 보인다.
원래 이 터는 고구려 때의
성곽 유적인데, 조선시대에는
기자의 정전 유적이라고 여겼다.
서울역사박물관 소장.

5월 29일, 맑음
숙천

서장관이 순안에 머물고 있었기 때문에 그대로 숙천에 머무르면서 기다
렸다. 오후에 도착하자마자 숙천 현감이 다시 납량정納涼亭[64]에서 연회를
베풀어 주었다.

은산 수령 이용李鏞이 쌀과 콩을 신물로 주어서 감사 편지를 보냈다.

봉산 사람인 교수 김수金銖가 찾아와 글을 써 주었다.

---

64 평안남도 숙천에 있던 정자로 정확한 위치는 알 수 없다. 다만《신증동국여지승람》에는 '숙천 서쪽 숙녕역
근처에 누樓가 있다'고 기록되어 있다.

5월 30일, 맑음

숙천 → 안주(운암원 → 읍내)

공생 김신金藎은 재주가 명민하고 《소학》을 힘써 공부했다. 숙천 부사가 신물로 개가죽 깔개, 미투리, 물고기, 노루 등을 보내왔다. 가는 길에 묵은 땅과 무너진 가옥을 보니 옛날과 사뭇 달랐다.

운암원雲巖院에서 쉬고 안주安州에 도착하자 병사 소흡蘇搿 공께서 노강老江에 가려다가 일단 백상百祥에서 머물며 연회를 마련하고 기다리셨다. 바로 가서 만났는데, 아울러 안주 목사 권순權純의 전별 잔을 받았다. 소 병사께서 신물로 노루 가죽 깔개, 벼루, 소주 두 동, 쌀 세 자루, 미투리, 노루 다섯 마리, 꿩 스무 마리, 주유의紬襦衣,[65] 궤화麂靴, 정피精皮로 된 상자 등을 보내고서는 순찰을 나가셨다.

양황梁鍠이 찾아와 함께 묵었다. 막걸리와 생선을 영변寧邊 망우골 진사進士 인서仁瑞의 집에 보내고, 문구류와 어물魚物을 양황에게 주었다. 또한 생선 꾸러미를 영변 향교의 이군신李君信과 선우○鮮于○ 집에 나누어 보냈다.

6월 1일, 비

안주

50　상사께서 설사 때문에 백상루에서 유숙했다. 도사가 지나가는 길에 서장

⊙ 백상루의 옛 모습

관서팔경의 하나로, 평안남도 안주 북쪽 청천강 기슭에 있다.

관과 상사를 뵈었다. 도사는 장차 수은하는 일 때문에 먼저 가산嘉山에서
묵을 예정이었다.

판관 유입지柳立之〔(按) 입지의 이름은 영립永立이다〕가 영변에서 술을 가져
와서 전별해 주고 신물로 쌀과 콩 한 자루, 궤화자麂靴子 하나를 주었다.

안 목사가 노자로 쌀 세 자루, 꿩 다섯 마리, 노루 한 마리, 숭어 열, 조기
열〔(按) '열' 다음에 '속' 자가 누락된 것 같다〕, 칼 열다섯 자루, 부시 스무 개를
주었다. 심부름꾼 중에서 굶주리며 지내는 경우가 많이 있으니 백성의 곤
궁함이 심각하다.

6월 2일, 맑음

안주 → 박천(광통원) → 가산

권 목사와 류 판관이 청천강정晴川江亭[66]에 나와서 전별해 주었다. 배를 타고 가다 광통원廣通院에서 쉬었다. 박천 수령이 신물로 쌀 두 자루, 포군布裙 하나, 소식상小食床 하나, 미투리 하나를 보내왔다.

공강控江[67]을 막 건너려다가 비로소 배 안에서 군수 안의손安義孫을 만났다. 배 위로 이끌려 가 석벽石壁을 보았다. 사람들이 모를 기막힌 절경이었다. 술을 몇 잔 마셨다.

가산에 다다르니 이예원李禮元이 조카의 서신을 가지고 와서 기다리고 있었다. 이예원이 내우內憂[68]를 알려 왔기에 편지를 써서 위로하고 삼베 치마를 부쳤다. 그의 대모大母[69]께는 대구를 보냈다. 정주定州 교생 백표변白彪變, 송진宋珍, 김천일金千鎰, 박언남朴彦男 등이 찾아왔다.

6월 3일, 맑음

가산(읍내) → 효성산 → 정주(남청정) → 정주 향소

가산 군수가 아침에 다시 찾아와 행구行具로 쌀 두 자루, 구피칠화狗皮漆靴, 미투리, 주유紬襦 등을 주었다. 또 아이의 먹거리를 주었기에 대구 네 마리를 보냈다. 가산군에 말을 남겨 두었는데, 20일 동안 길러 주기로 약속했

52

---

66 평안북도 안주 청천강변에 있던 정자로, 백상루나 만경루萬景樓 중에 하나로 추정된다.
67 강을 건너 가산군으로 갔다는 기록으로 볼 때 평안도 가산군과 박천군 사이에 있던 대령강大寧江으로 추정된다.
68 어머니의 상사喪事. 또는 아버지가 안 계신 경우 할머니의 상사.
69 집안의 할머니뻘 되는 여성.

다. 관아의 말을 빌려서 옛 물건들을 옮겨 실었다.

효성산曉星山을 넘어 납청정納淸亭에 이르러 판관 신여관申汝灌을 초청해 만났다. 교생 윤익상尹翼商, 조찬趙瓚, 김윤후金潤後, 이경의李慶義 등도 찾아와서 서로 만났다.

오후 세 시경 정주 향소鄕所[70]에 이를 수 있었다. 향소의 노경盧瓊, 조억년趙億年, 김지金智, 정건鄭虔이 왔다. 교생과 모두 기쁘게 재회했다.

외삼촌께서 구성龜城에서 정주로 와서 기다리신 지 3일째였다. 위양의 마음(渭陽之思)[71]을 조금이나마 풀었다.

구성 군수 이사정李思貞이 외삼촌을 통해 쌀 세 자루, 포脯 열 첩, 소주, 계피 한 말, 미투리 하나, 말린 꿩 한 마리를 보냈다. 편지를 써서 감사를 전했다. 허의경許義慶 형제 셋이 만나러 와 식사를 대접했다.

저녁 때 판관이 정자 하일청河一淸과 함께 간략한 술자리를 마련했다.

6월 4일, 맑음
정주

정주 목사 김부인金富仁이 찾아와 신물로 쌀 세 자루, 백화白靴, 미투리, 주유, 피상皮箱, 짚신을 주었다. 포의상布衣裳,[72] 버선 한 짝, 계피 한 말은 판관이 따로 베풀어 준 것이다. 또한 일산日傘을 구했다.

교생이 술과 고기를 가져와 위로해 주었다. 반을 나누어 하인 일행에게

53

---

70 유향소留鄕所라고도 한다. 지방 수령을 보좌하거나 풍속을 바로잡고 향리를 감찰하며, 민의를 대변하던 기관.
71 춘추시대 진 강공秦康公이 외삼촌인 진 문공晉文公을 전송하면서 지은 시를 인용해 이별의 정을 표현한 구절.
72 베로 만든 저고리와 치마.

주고 반은 함께 마셨다. 쌀 두 자루를 교생의 양식에 보태 주었다. 각각 생선 한 마리씩을 나누어 주었는데, 친분이 있는 자에게는 꿩을 더 주었다. 노자를 나누어 쌀 열 자루를 아들의 양식으로 하고 세 자루는 하인에게 주었다. 상자, 깔개, 말린 노루 두 마리, 꿩 다섯 마리, 미투리 두 켤레를 외삼촌께 드렸다.

외삼촌께서는 충근의 집에서 묵으셨다. 외삼촌으로부터 상을 당하셨다는 소식을 처음 들었다.

꿩 한 마리, ○, 마른 육포 열 첩을 싸서 하인을 통해 친가親家에 보내고자 했다.

6월 5일, 맑음
정주

외삼촌께서 장차 구성으로 돌아가시고자 하여 충근의 집에서 인사드리고 나왔다. 외삼촌을 배웅할 때 김찬金贊, 윤익상尹翼商, 탁억손卓億孫이 함께 왔고 탁억손이 호도虎刀를 주었다. 동문에서 송별하고 성에 올라서 바라보았다.

千里家書斷往還 먼 길에 편지마저 왕래가 끊겼다가

幸逢舅氏道途間 다행히 외숙을 길에서 만났네

東門延佇看行色 동문에서 발돋움하여 오래도록 뒷모습을 바라보다

沒帽還嫌眼底山 갓 머리 사라져도 돌아오기 아쉬워 저 산만 바라보네

강계江界 판관 인량寅亮 박경보朴敬輔가 이야기하러 왔다. 안장을 조였다.
정주 목사가 사례謝禮를 준비하여 술상을 베풀었다. 사례에 참가한 사람
은 정주 목사, 박천 군수, 강계 판관, 정자正字, 선전관과 나였다. 서장관이
술을 받지 않고 먼저 나가니 상사께서 못마땅하게 여기는 말을 하셨다. 목
사가 앞에서 취해 쓰러졌다.

6월 6일, 비
정주

정주 목사가 찾아왔기에 종석從石의 역을 면제해 줄 것을 청하니 허락해
주었다. 종석의 나이가 곧 60이 되기 때문이다. 호적을 가져다 보니 아들
때문에 이미 이름이 기생의 아래에 매여 부모께서 남겨 주신 몸을 욕되게
했음을 알았다. 아! 슬프다! 군자가 마땅히 멀리해야 할 것은 창기娼妓인
데 처음에 조심하지 못했으니 자제들은 본받아서는 안 된다.
선천宣川에 거주하는 해빈海濱 정화鄭和의 집에 편지를 쓰고 생선을 보냈다.
목사가 소루小樓에서 또 연회를 했다. 여러 잔을 마신 나머지 나도 모르
게 많이 취해 앞 계단에서 넘어졌다. 사현에서의 과오[73]를 여전히 뉘우치
지 못한 것이다.

---

73 앞서 술에 취해 사현에서 쓰러져 있던 일.

6월 7일, 맑음
정주(영훈루 → 운흥역) → 선천(임반역)

차걸車傑이 가난한 채로 오래 갇혀 있기에 불쌍해서 음식을 보냈더니, 편지로 사례했다.

향소의 사람들이 작별하러 왔다. 판관을 초청해 함께 식사했다.

정주 목사가 영훈루迎薰樓에서 전별해 주었다. 교생과 성 밖에서 작별했다. 정기가 충근을 데리고 서문西門 밖 죽은 아이를 묻은 곳에 서서 내가 떠나는 모습을 보았다. 나는 차마 얼굴을 돌리지는 못했으나 마음은 처연했다.

당어령黨於嶺[74]을 넘어 운흥역雲興驛에서 쉬었다. 길가에 효녀 사월의 비가 있었다. 손가락을 잘라 아버지의 병을 치료한 사람이다.

김헌지金獻之가 나와서 기다리고 있기에 함께 만났다. 조찬趙瓚도 와서 멀리까지 전송해 주었다. 정혜빈鄭海濱이 편지를 보내 늙고 병들어 오지 못한다는 뜻을 시로 전했기에 나 또한 4언의 시를 보냈다(〔按〕 위의 '시詩' 자는 생각건대 오류인 듯하다).

곽산郭山 군수가 신물로 벼루 하나, 신발, 덧신을 보냈다.

길에서 정주 판관과 작별했다. 가찰방假察訪이 함께 왔기에 같이 돌아가도록 했다.

임반역林畔驛에서 유숙했다. 선천 군수가 신물로 신발과 벼루를 보냈다. 군생郡生들이 만나러 왔기에 함께 유숙했다. 찾아온 군생은 박상린朴祥麟, 박종국朴宗國, 이택민李澤民과 동향 사람인 박승걸朴承傑이다.

56

---

74 평안북도 정주 서쪽에 있던 고개.

6월 8일, 비

선천(임반역) → 철산(거련역 → 읍내)

오후에 거련역車輦驛에 도착했다.

철산鐵山 군수가 신발과 벼루를 선물로 보냈고, 이를 안정란安廷蘭에게 주었다. 철산군의 친우인 정순년鄭舜年, 김종추金宗秋 등이 만나러 왔다.

장원狀元 이영李詠이 와서 함께 유숙했다. 김생金生이 포 두 필을 주며 《운부군옥韻府群玉》[75]을 구해다 줄 것을 부탁했다. 용천龍川 사람 장희윤張希尹이 우리를 만나 보고자 3일을 기다리다가 돌아갔다고 한다.

6월 9일, 비

철산(읍내 → 철주고성) → 용천(양책역 → 읍내)

아침에 장張 의원을 보았는데, 일반적으로 가슴에 병이 있으면 약으로 구제하는 것이 어렵다고 했다. 서장관께서 들으시고 글로 경계하여 말씀해 주시길, "만 가지 보양補養하는 약이 모두 허위虛僞이고 다만 조심操心이 긴요한 요령이니 이 마음을 가지면 이수자二豎子도 물러날 것이다"[76]라고 하며 방심放心을 경계해 주셨으니, 참으로 약이 되는 말씀이다.

철주고성鐵州故城을 지나다가 관창官倉의 옛터에서 예를 표했는데 목사 이원정李元禎과 판관 이희적李希勣의 목숨을 바친 절개를 위해서였다. 고

---

75 운韻을 구분 배열하여 참고가 되는 고사성어의 원전까지 소개한 사전의 일종. 원나라의 음시중陰時中 · 음시부陰時夫 형제가 지었다.

76 《좌전左傳》에 따르면 춘추시대 진晉나라의 경공景公이 병들었을 때, 두 아이(二豎子)가 고황膏肓(심장과 격막 사이)으로 들어가는 꿈을 꾸었다. 그 후 의원을 데려왔으나 의원은 고칠 수 없다고 했다는 고사.

려 ○, 몽고병이 엄청나게 몰려와 성을 에워쌌는데, 목사와 판관 두 관원이 힘을 다해 지키다가 마침내 형세가 곤궁한 지경에 이르자, 오히려 망루 위에서 악기를 연주하며 오랑캐의 칸에게 시위하고는 서로 처자를 이끌고 스스로 관창의 불 속으로 들어갔으니 만일 구원하는 자가 있었다면 어찌 그 지경에 이르렀겠는가? 이에 대해 김구金坵[77]의 시가 있다. 윤의중尹毅中[78]이 평안도 관찰사가 되었을 때 조정朝廷에 알려 철산에 사당을 만들어 제사를 지내게 되었다.

밤에 양책良策에 들어갔다. 용천 수령이 신물로 쌀자루, 신발, 벼루를 보냈다. 군생 장희윤張希尹이 먼저 기다리고 있어 함께 동숙했다.

6월 10일, 맑음
의주(고진강 → 소곶역 → 읍내)

이지검李之儉의 집에 초를 보냈다. 이지검은 성균관의 동학同學인데 상중에 있어 제사 물품도 같이 보냈다.

고진강古津江에 물이 불어 배를 타고 건넜다. 소곶역所串驛에서 쉬었다. 장희윤이 약속대로 돌아갔다.

의주義州에 도착했다. 의주 남문 안에 효자문이 있다. 주朱 훈도가 먼저 와서 기다리고 있었다. 주 훈도는 응방應房 주자량朱子良으로 일찍이 함께 성균관에서 동학했고 같은 해에 급제한 주응허朱應虛의 형이다. 다과 중

77 1211~1278. 고려 말기의 문신. 자는 차산次山. 호는 지포止浦. 제주 부사, 예부시랑을 지냈다.
78 1524~?. 조선 중기의 문신. 본관은 해남. 자는 치원致遠, 호는 낙촌駱村 또는 태천(朮川). 1572년(선조 5)에 평안도 관찰사를 지냈고, 병조참판·대사헌 등을 역임했다.

먹을 만한 것 몇 그릇을 그의 부모에게 날마다 보냈다.

서장관의 객사에서 도사를 만났다. 압마관押馬官[79]이 보러 왔다. 압마관은 김면金沔과 친우親友 정향복鄭亨復이었다. 김사걸金士傑, 홍대수洪大受가 보러 왔다. 김사걸은 양천陽川의 처족妻族으로 목牧의 군관이 되었다. 홍대수는 동향인으로 관기에 빠져서 오랫동안 머무르고 있다.

6월 11일, 맑음
의주(청심당 → 통군정)

귀양 와 있는 송문성宋文星이 남의 단점을 말하는 것을 듣고 물리쳤다. 송문성은 남원 사람으로 장모와 토지를 두고 싸웠기 때문에 이곳에 들어오게 되었는데 의주 사람들에게 행패를 부렸다. 주자량이 의주 목사의 명으로 인창麟倉[80]에 가서 조세를 거두었을 때 송씨의 조세를 감해 주지 않았기 때문에 화를 내며 욕을 해대고는 의주 목사에게 호소했고 주자량의 사내종을 잡아다가 때렸다. 지금 또한 감히 독설로써 나를 흔들려고 했다. 그 얼굴을 보니 소인 중에 소인이었기에 다시 왔으나 만나지 않았다.

청심당淸心堂에 가서 도사를 보았고 이후 통군정統軍亭에 올랐다. 서장관이 먼저 도착했다. 판관 유수눌柳守訥, 박퇴이朴退而와 함께 술 몇 잔을 마셨다.

---

79 조선시대 중국에 조공을 하러 가는 부경사행赴京使行의 일원으로서 말을 압송하는 일을 담당하던 임시 벼슬.
80 평산도호부(현 황해도 평산군)의 서북쪽에 있던 기린창麒麟倉으로 추정된다.

⊙ 벚꽃이 핀 통군정의 옛 풍경

평안북도 의주 압록강변 삼각산 위에 있는 정자다. 관서팔경의 하나로, 북한의 보물급 문화재다.

6월 12일, 맑음

의주(취승정 → 통군정)

서장관을 뵈었다. 서장관은 기일이라서 나오지 않았다.[81]

취승정聚勝亭에서 상사를 알현했다. 의주 목사 곽월郭越[82]이 먼저 와 있었는데, 내가 가자 자리를 피해 대문으로 돌아갔다. 방에 돌아와서 사람을 보내 미안한 뜻을 전하니 곧 와서 함께 만났다.

교관 홍승범洪承範이 만나러 왔다. 통사通事 최세협崔世協이 잘못한 일과 전前 목사 양희梁喜 공이 억울하게 파직된 이야기를 들었다.

목사가 통군정에서 술자리를 베풀어 주었다. 상사와 도사가 먼저 와 있다가 사람을 보내 나를 초대했다. 각자 세 잔씩 돌려 마신 후 파했다. 상사가 시대를 개탄하는 말을 하려다 곽공郭公의 말 때문에 하지 않았다.

---

81 6월 13일은 서장관 허봉의 모친 기일이었다. 《조천기》 6월 13일 기사 참조.

82 1518~1586. 조선 중기의 문신. 의병장 곽재우郭再祐의 아버지로 1576년에 의주 목사를 지냈고, 그 뒤 호조 참의戶曹參議를 거쳐 1578년 동지사로 명나라에 다녀왔다.

83 각띠라고도 한다. 벼슬아치가 예복을 입을 때 두르는 띠.

6월 13일, 맑음
의주

의주 목사가 신물을 보내왔다. 목사가 준 신물 중 쌀 세 자루, 구피인狗皮
茵, 궤피화麂皮靴, 화인靴茵을 압마관 정응시鄭應始에게 주고, 미투리는 집
으로 보냈다. 칼집, 각대角帶,[83] 의衣, 연硯, 책갑복冊匣袱, 뽕나무 껍질, 행전
行纏,[84] 덧신은 홍대수에게, 갈모 집은 홍군洪君에게 맡겨 고모부에게 전하
도록 했다. 이외의 신물은 노립奴笠, 대도帶刀, 행전, 채찍이다.

주자량이 의주 목사의 명령에 따라 청성靑城에 갔다. 백성들이 굶주리고
있어 창고의 곡식을 나누어 주기 위해서다. 전 목사인 최홍한崔弘僩이 교
체되어 가면서 신임 목사 정언지鄭彦智에게, "의주는 일이 많은 고을이니
반드시 주의 백성 중에 현명한 자를 얻어서 작은 일들을 분담시킴이 옳습
니다. 주자량은 마음가짐이 공정하니 일을 맡기기에 적합한 사람입니다"
라고 했다 한다. 이런 까닭에 의주 목사가 늘 그에게 일을 맡아 처리하도
록 하니 집에 있는 날이 드물었다고 들었다.

주자량은 무재武才에도 능했기 때문에 목사 유언우柳彦遇[85]가 변군邊軍[86]
에 보충하려 했으나, 주자량이 글재주로 교적校籍[87]에 들기 위해 간청하니
유언우가 아들인 유성룡柳成龍[88]과 함께 공부하도록 했다. 그는 매우 식견
이 있었으며 또한 재주와 지혜가 많으니 만약 국경을 방어하는 일을 맡는
다면, 어찌 조세를 거두는 것이 공정해질 뿐이겠는가(按) 유언우의 이름은
중영仲郢이다).

61

---

84 여행할 때 걸음을 편하게 하기 위해 발목 위로 바지를 싸매는 물건. 행등行縢이라고도 한다.
85 1515~1573. 유성룡의 아버지 유중영柳仲郢을 가리킨다. 자는 언우. 황해도 관찰사를 지냈고, 예조참의禮曹
參議, 경연관經筵官 등을 역임했다.
86 국경을 지키는 군대.
87 향교의 학생 명부.
88 1542~1607. 조선 중기의 문신. 임진왜란 당시 이순신과 권율 같은 명장을 천거했으며, 도학·문장·덕
행·서예로 이름을 떨쳤다. 대사헌, 경상도 관찰사 등을 거쳐 영의정을 지냈다.

점마사點馬使 신언경愼彦慶이 왔다. 그는 봉상시奉常寺 직장直長이다.

대사성 허초당許草堂[89]〔(按) 허초당의 이름은 엽燁이다〕이 글을 보내 권면勸勉

해 주었다.

우윤 윤근수가 행의를 골라 보냈다.

덕재德載 한백후韓伯厚가 글을 보내 분수를 넘는 것을 경계해 주었다.

6월 14일, 밤에 비가 오고 아침에 흐림
의주(취승정 → 구룡담 → 의순관)

취승정에 올라 자문咨文과 표문表文을 점검(査對[90])했다. 목사가 구룡담九龍

潭 가에서 주연을 베풀어 주었다. 점마사가 도사의 윗자리에 앉고자 했으

나 상사가 그의 직품職品을 가지고 타이르자 그냥 내 윗자리에 앉았다. 강

계 판관 박인량이 술을 돌릴 때, 그와 서로 오래 알고 지낸 터라 취기에 한

마디를 했더니 박인량이 바로 눈물을 흘렸다. 저녁에 배에 올라 석벽 아래

로 배를 끌고 갔는데, 물이 불어나 거슬러 올라갈 수 없었으므로 흐름에

따라 곧바로 내려가서 의순관義順館[91] 서쪽에 이르러 배에서 내렸다. 도사

와 점마사는 모두 교자轎子를 타고 있었는데, 나와 서장관이 말을 타고 있

는 것을 보고는 곧 교자에서 내렸다. 내가 앞장을 섰다. 음악 소리는 너무

시끄러웠고 술자리는 지루했다. 압마관 정응시를 방문하고자 의순관에

들어갔는데, 마침 성에 들어간 터라 만나지 못하고 돌아왔다.

---

89 1517~1580. 조선 중기의 문신으로, 허봉과 허균許筠의 아버지 허엽許曄이다. 호는 초당. 동·서인이 대립
   했을 때 김효원金孝元과 함께 동인의 영수가 되어 당시 사류의 지도급 인물이 되었다. 대사성, 경상도 관찰
   사 등을 역임했으며, 화곡서원花谷書院에 제향되었다.

90 중국에 보내는 표表와 자문咨文의 내용을 검토하여 내용 및 의례 상 문제가 없는지를 확인하는 일.

6월 15일, 맑음
의주

집에 보내는 편지를 썼다. 또한 구성향교龜城鄕校, 평산향교, 김응성金應聖 어르신께 편지를 써 보내고, 허엽, 윤근수, 한백후 등 세 명의 서신에 답해 감사를 전했다. 택중澤仲 심주沈澍에게도 편지를 썼다.

저녁에 강계 판관에게 편지를 보내 다른 사람의 말을 잘못 믿고 함부로 망설妄洩하게 되는 점을 밝혀 주자 찾아와서 감사를 표했다. 이는 참으로 실어實語와 현어玄語[92]에 의혹된 것이다(계용季庸이 저지른 짓이라 강계 아문으로 데리고 갔다).

목사가 대문에서 주연을 베풀어 주었다. 활쏘기를 하고 또한 주탕酒湯[93] 들에게 기사騎射[94]를 시켜 보았다.

장희윤張希尹이 술을 가지고 와서 먼 곳까지 전송해 주었다. 주자량과 함께 달빛 아래서 술을 마셨다. 그가 지은 시부詩賦를 보고, 또한 그의 비범한 입지立志에 대해 물어보니, 진정으로 괄목상대할 만한 사람이었다. 주자량이 회언誨言[95]을 자기 부채에 적어 권면해 주었다. 쌀 한 자루를 주자량과 홍대수에게 나누어 주었다.

91 평안북도 의주 남쪽에 설치해 중국 사신을 맞이하던 곳. 옛 이름은 망화루望華樓다.
92 실제와 부합하지 않는 말.
93 주탕비酒湯婢의 준말로, 고을에 있는 관비官婢나 기생을 말한다.
94 말을 타고 활을 쏘는 일.
95 가르치거나 훈계하는 말.

우리는 이미 사행단이 정주定州에 머물던 무렵인 6월 5일의 일기에 적혀 있는 조헌의 시 한 수를 읽어 보았다.

먼 길에 편지마저 왕래가 끊겼다가
다행히 외숙을 길에서 만났네.
동문에서 발돋움하여 오래도록 뒷모습을 바라보다
갓머리 사라져도 돌아오기 아쉬워 저 산만 바라보네.

별다른 주의를 기울이지 않으면 쉽게 지나칠 성싶은 짤막한 시이건만, 담담한 어조로 쓰인 글귀에서 쉬이 눈이 떨어지지 않은 이유는 그 안에 담긴 슬픔의 정서가 묘하게 가슴을 울리기 때문이다.

감정을 억누르고 다스리는 수양에 익숙하였을 젊은 유학자 조헌. 그에게 있어 감정의 직설적인 표현이란 결코 쉬운 일이 아니었을 것이다. 조헌보다 한참 후대 사람으로서 북학파 실학자로 잘 알려진 홍대용洪大容(1731~1783)의 문집에는 《건정동필담乾淨衕筆談》이라는 글이 수록되어 있는데, 이 글은 홍대용의 절친한 벗들이 중국으로부터 찾아왔을 때 그들과 함께 묵으며 나눈 대화의 기록이다.

이 글에는 짧은 만남 끝에 다가온 아쉬운 이별을 앞두고 굵은 눈물을 쏟아 내는 벗을 바라보며 깜짝 놀라 훈계하는 홍대용의 모습이 담겨 있다. 다시 만나리라는 기약도 없는 이별을 당하여 슬픔의 눈물을 쏟아 내는 것은 인지상정일 터인데, 함께 눈물을 흘리기는커녕 오히려 우는 벗에게 훈계를 한 홍대용의 모습. 우리는 그의 모습을 바라보며, 조선의 지식인들에게 있어 교양을 갖춘 성인 남성이 감정을 다스리지 못하고 우는 것이 얼마나 낯선 광경이었던가를 짐작해 볼 수 있다.

하지만 아무리 강직한 유학자라 하더라도 어찌 그 마음에 슬픔이 깃들 틈이 없었겠는가. 그리운 조카를 만나기 위해 먼 길을 마다않고 찾아온 외삼촌, 그렇게 만난 외삼촌과 사흘 만에 작별을 해야만 했던 조헌. 그가 적어 놓은 짤막한 시에서 우리는 한 젊은 유학자의 마음에 깃든 깊은 슬픔을 엿볼 수 있다.

저만치 멀어져 가는 외삼촌의 뒷모습을 조금이라도 더 길게 보고 싶어 까치발을 하고, 고개에 가려 외삼촌이 쓰신 갓 머리마저 보이지 않게 된 연후에도 차마 발을 떼지 못하는 조헌의 모습을 그려보매, 담담한 시구에 꾹꾹 눌러 담아놓은 슬픔이 깊게 가슴을 울리는 듯하다.

이처럼 우리와 다른 듯 같은 선인들을 만나는 것이 곧 옛글을 읽는 큰 즐거움의 하나가 아닐까 한다.

2. 중국에서의 여정

의주에서 북경까지(6월 16일~8월 4일)

6월 16일, 아침에 맑고 오후에 잠시 비가 내림
조선 평안도 의주(읍내 → 중강 → 적강)→ 압록강

정주 판관과 교서관 동료에게 감사 편지를 쓴 뒤, 행의를 입고 동문을 나갔다. 의주 동문 안에 효비孝碑 두 기가 있다.

전별연이 열리고 있는 장막에 가서 목사와 판관의 전별주를 받았다. 주자량, 경임景任 장희윤과 장막 밖에서 작별했다. 비를 무릅쓰고 배에 올랐다. 배에 오르면서 사람을 써서 짐을 지도록 했다. 고개를 돌려 집으로 돌아가는 노비를 보니 말 머리 옆에 서서 두 줄기 눈물을 흘리고 있었다. 이별의 아픔을 알만 했다.

선전관 박퇴이朴退而가 만취해 일어나 춤을 추다가 나를 잡고 같이 추었다. 대충 추고는 돌아와 자리에 앉았는데 허봉도 일어나 함께 끌어당겨서 어쩔 수 없이 잠시 춤을 추었다. 도사가 술을 권했지만 아프다고 간청하니 강권하지는 않았다. 점마사가 몹시 취해 상하를 분별하지 못해 하마터면 물에 빠질 뻔했다. 상사는 반쯤 취하니 일어나 가 버렸고, 서장관은 취해 배 안에 늘어졌다.

목사와 판관과 강가에서 이별을 하고 중강中江과 적강狄江¹을 건너 손삼孫三의 집에서 숙박했다. 처음으로 중국인을 보았는데 모두 모자(감투)를 썼다. 몸에는 검은색 옷을 입고 오자襖子²를 둘렀는데 엉덩이를 겨우 덮는 정도였다. 소매는 좁고 옷깃은 둥글었으며 검은 치마는 밑이 좁았다. 여인들은 모두 전족纏足을 해서 종종걸음을 걸었다.

---

1 중강은 압록강에 있으며, 개시開市·후시後市 등의 무역이 성행했던 곳이고 적강은 압록강 서북쪽에 있는 강이다.
2 가죽으로 만든 도포와 같은 옷.
3 요령성 단동시丹東市 동북쪽 일대에 있던 성. 조선 사행단의 사행 경로이자 분계分界다.
4 허봉의 《조천기》 기사에는 금석산金石山으로 기록되어 있다.
5 비어는 주로 요동의 성곽·요새 등의 수비와 군사훈련을 담당한 중급 군직이다. 관품은 정해져 있지 않으나, 수비守備(무품)보다는 낮았던 것으로 보인다. 《조천일기》 8월 3일자 북경 경비와 관련한 서술에서 참장參將이

68

6월 17일, 비

요동위 일대(구련성 → 탕참 부근)

구련성九連城³을 지나갔다. 여기서부터 산꼭대기나 구릉 위에 봉화대가 줄지어 설치되어 있었다.

정석산頂石山⁴ 북쪽 지방 사람의 집에서 쉬었다. 그 여진 사람은 뱀을 길들이는 데 능숙해 뱀이 양 소매를 번갈아 가며 들락날락하게 할 수 있는 자였다.

강북보江北堡 비어지휘備禦指揮⁵ 류윤창劉允昌과 수보守堡⁶ 정사충呈士忠이 하정下程⁷으로 술, 돼지고기, 계채雞菜를 보내왔다. 통사에게 술을 가지고 그들을 대접하도록 했다.

세포細浦, 송골산松鶻山⁸을 지났다. 송골산은 해청산海靑山이라고도 한다. 이곳에서부터 산 위에는 무덤이 없었고, 밭 가운데 혹은 가옥의 후원後園에 대부분 관을 땅 위에 그냥 두고서 풀로 위를 덮어 놓았다.

탕참湯站에 못 미쳐 김조상金祖尙의 집에서 숙박했다. 김조상 형제는 네 사람이 함께 살면서 따로 밥을 지어 먹었다. 막 부친상을 당했는데, 간혹 고기를 먹고 노름하는 것을 보았다. 초서로 그 부친의 신주를 적어 놓았고 네 사람이 모두 멋을 부린 자호自號를 가지고 있었다. 가소로웠다.

3000명을, 비어가 1500명의 군사를 관할한다고 되어 있다. 참고로 명대 군직의 관품은 명확하지 않은데, 명의 제도를 이어 받은 청대 군제를 서술하면 다음과 같다. 총병總兵(정2품)-참장(정3품)-유격(종3품)-수비(정5품)-천총千總(정6품)-파총把總(정7품).

6 수보는 보堡의 책임자를 가리키며 여기에서 정사충의 관직은 부천호副千戶(종5품)다.

7 행인을 접대하는 음식, 여비 혹은 예물.

8 《계산기정薊山紀程》(1804)에서는 금석산과 함께 구련성에 있는 산이라고 서술했다.

6월 18일, 아침에 안개, 저녁에 맑음
요동위 일대(탕참 → 봉황성)

탕참성湯站城을 지났다. 탕참성은 모두 벽돌로 쌓았다. 용산龍山 아래에서 쉬었다. 그 사이 작은 물고기를 잡아다가 국을 만들어 점심 식사에 곁들였다.

탕참 수보관守堡官 왕괴王魁가 하정을 보내왔다. 수보관이 하정을 보낸 것은 통사를 보내 예단禮單을 주었기 때문이다. 왕괴의 사인들은 부채의 숫자가 적은 것에 화를 내며 부채를 버리고 먼저 가 버렸으나 조금 있다가 사람을 시켜 챙겨 갔다.

봉황산고성鳳凰山故城[9]을 지났다. 성은 삼면에 산이 있는데 매우 험준했다. 발해渤奚[(按)해奚는 아마도 해海의 오류인 듯하다]의 옛 도읍이다. 당시 거란이 와서 포위했을 때 마침 진사進士 합격자를 발표하는 날이었는데, 이름을 부르고 잠시 쉬는 사이에 성이 함락되었다고 한다.

저녁에 백안동伯顏洞[10] 조국훈趙國勳의 집에서 유숙했다. 자명子明의 이름을 물었더니 우선 동산東山이라고 부른다고 답했다.

봉황성 지휘指揮 전경화全景和가 하정을 보내왔다. 하정을 가지고 온 사람들이 처음에는 말을 함부로 하다가, 부채를 보여 주었더니 바로 기분이 풀렸다. 우습다.

70

---

9 요령성 봉성시 동남쪽 봉황산과 고려산 사이에 있던 고구려의 오골성烏骨城으로 봉황고구려산성이라고도 한다.
10 요령성 일대로, 원나라 백안伯顏(1236~1295)이 군사를 주둔시켰던 곳으로 전한다.

6월 19일, 맑음

요동위 일대(옹북하 → 팔도하 → 통원보 남쪽)

진동포鎭東鋪[11]를 지나 옹북하甕北河[12]에서 잠시 쉬었다. 물이 말의 배까지 차올랐다. 이곳에 도착했을 때 비를 만나 머물렀다.

팔도하八渡河[13]는 원류가 굽이져 강 하나를 여덟 번이나 건넜다.

통원보通遠堡 남쪽에 이르렀는데, 강 근처에 집이 세 채 있었다. 집이 몹시 좁고 누추해 그냥 시냇가에 앉았다. 그물로 물고기를 잡아 저녁 국거리로 삼았다. 저녁에 인가에 유숙하면서 주인에게, "북쪽 인가에서는 밭 가운데에 관을 덮지 않고 두던데 이는 무슨 까닭인가?"라고 물으니, "죽은 사람의 자손들이 모두 길일을 맞은 연후에야 장례를 마칠 수 있기에 이와 같이 합니다"라고 했다.

6월 20일, 맑음

요동위 일대(통원보 → 분수령 → 연산관)

이총李聰의 곡소리를 들었다. 그 마음이 애처롭다. 이총은 달자達子의 땅에서 도망 온 사람이다. 그의 누이가 이곳에 있었는데 술을 가져와서 먹이고는 함께 통곡했다. 그의 처는 죽었으며 아들은 다른 사람에게 살해당했다고 한다.

---

11 봉황성을 지나 요양시로 가는 길목에 위치했으며, 송참松站이라도 했다.

12 조선 사신이 육로로 북경을 오갈 때 건너는 강으로, 연행록에 자주 나온다.《국역연행록선집》제10집 〈연원직지 출강록〉(민족문화추진회, 1977)에서는 소장령小長嶺과 대장령大長嶺 사이에 있으며, 일명 삼가하三家河라고 설명하고 있는데, 요령성 흥성시興城市 서북쪽에 위치한 장령산長嶺山 일대로 추정된다.

13 《계산기정》에서는 팔도하를 황가장黃家莊 5리 지점에 있는 강이며, 수원은 분수령에서 나온다고 설명했다. 한 하수인데도 여덟 번 건너기 때문에 팔도하라 부르며, 금계하金鷄河라고도 한다고 덧붙였다.

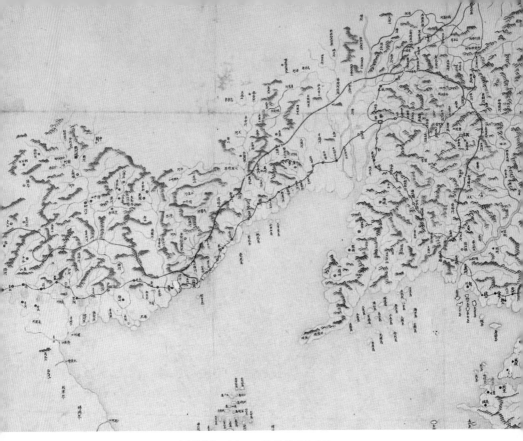

⊙ 〈해동삼국도海東三圖圖〉중 동팔참 일대

동팔참은 압록강 이북에서 요령성까지 조선 사신들이 이용하던 주요한 역참이었다. 규장각 소장.

통원보를 지나 분수령分水嶺 북쪽 강가에서 쉬었다.

연산관連山關을 지났다. 연산관의 어떤 길은 관북에서 바로 요동으로 이어진다고 한다.

벽동甓洞 팽문주彭文珠의 집에서 유숙했다. 팽문주에게 "당신의 땅은 얼마나 되나?"라고 하니, "한 달 갈이 정도입니다"라고 대답했다. 이어서 대화를 나누었다.

"이 땅에도 세금이 있는가?"

"곤괘滾掛한 땅이라 본래 세금이 없습니다."

"무엇을 곤괘한 땅이라 하는가?"

"산 위의 경사가 험한 곳의 땅이라 구획을 나누기 어려우며, 물이 토지를 침식하고 땅은 경사에 걸쳐 있기에 곤괘라고 합니다."

"당신은 많은 땅을 가지고 있는데, 왜 이렇게 궁핍한가?"

"이곳을 관할하는 도사都司가 해마다 한 사람당 은 한 냥을 거두는데, 가령 남자 열 명이 있는 집은 해마다 10여 냥의 은화를 내야 하니 어떻게 궁핍하지 않을 수 있겠습니까?"

"이 지방의 어사御史는 누구인가?"

"성은 곽이고 이름은 알지 못합니다."〔사극思極이라고 나중에 들었다〕.

"어디 사람인가?"

"남쪽 사람입니다. 처음 왔을 때는 단지 '비쩍 마른 만자(瘦蠻子)'였는데, 지금은 '살찐 만자(胖蠻子)'가 되었습니다"〔반胖은 살쪘다는 뜻이고, '만자'는 북쪽 사람들이 남쪽 사람을 욕하는 말이다〕.

곽씨는 산서성 사람인데 그를 만자라고 한 것은 천자의 명을 받아 어사가 되었는데도 탐욕스런 수령을 타파하지 못하고 백성들에게 해를 끼치기 때문에 그리 욕한 것이다. 가난한 백성을 쥐어짜서 스스로 배를 불린 것이 이와 같으니 그 직무는 다하지 못하면서 녹만 타 먹었다는 것(尸位[14])을 알 만하다.

---

14 '시위소찬尸位素餐'의 준말로서 벼슬아치 중 그 소임을 다하지 않고 녹만 타 먹는 사람을 일컫는다.

6월 21일, 새벽에 비, 저녁에 맑음

요동위 일대(첨수참 → 청석령 → 낭자산)

고령을 넘었다. 산에 나무가 많았으며 길은 극히 험하고 구불구불했다.

첨수참恬水站[15]을 지났다. 첨수참은 예전의 성이 조금 더 컸다. 가정嘉靖 병신년(1536, 중종 31)에 달적達賊들이 와서 포위했는데 결국 성을 함락시키고 거의 모든 사람을 살육했다. 달적이 떠난 뒤 성을 지킬 수 없어 퇴축退築하여 작게 만들었다. 흉터가 매우 심한 노인이 있기에 어떻게 죽음을 면했냐고 물었더니, "시체를 몸 위에 쌓아 놓고 있었는데 달적들이 와서 칼로 건드려 보고는 모두 죽은 사람이라 생각했기 때문에 죽음을 면할 수 있었다"라고 했다.

시냇가에서 점심을 먹었다. 청석령靑石嶺을 넘었다. 고개에 청석靑石이 많았다. 매를 잡는 곳이 있었고 북쪽은 매우 험했다. 매년 겨울 얼음이 얼어 미끄러울 때에는 호송하는 군인들의 말이 많이 넘어진다고 한다.

낭자산狼子山[16] 두건참頭巾站을 지났다. 낭자산 남쪽 작은 언덕에 굴이 있었다. 달적이 쳐들어오면 마을 사람들은 굴로 들어가 그 구멍을 막는다.

탕하湯河와 유하柳河를 건넜다. 물이 말의 배까지 차올랐다.

장첨복張添福의 집에서 유숙했다. 첨복은 나이가 이제 열아홉이다. 비록 책을 읽지는 않았지만 성품이 매우 효순孝順했다. 그에게 술과 과일을 주니 바로 모친께 드리고는 자신은 술과 오이를 가지고 답례하며 감사를 표했다. 나는 모용茅容[17]이 닭을 잡아 그 어머니를 공양한 일을 인용해 첨복

---

15 요령성 요양현遼陽縣 동남쪽의 옛 지명. 명나라 때 이곳에 역참과 진보鎭堡를 설치했다.

16 요령성 요양현 동남쪽에 있는 산. 《계산기정》에서는 작은 봉우리에 불과하지만 그 넓고 평평하며 완만한 것(穩藉)이 형국을 이루고 있어, 간이簡易 최립崔岦(1539~1612)이 《낭자산기狼子山記》를 지어 그 미려함을 성대히 칭송했다고 설명했다.

17 《후한서後漢書》〈곽태열전郭泰列傳〉에는 '곽태가 모용의 집에 찾아갔는데, 아침에 닭을 잡기에 자신에게 주는 줄 알았으나 그 어머니께 드리고 모용 자신은 곽태와 함께 나물로 식사를 했다. 곽태가 이를 보고 모용을 칭찬하고 학문을 권유했고, 모용은 이후 학문의 성취를 이루었다고 한다'는 내용이 수록되어 있다.

에게 독서할 것을 권유했다.

6월 22일, 맑음
요동위 일대(석문령 → 냉천(냉정) → 고려촌 → 요동성)

장첨복에게 붓을 주었다. 상사와 서장관 역시 그에게 주었다.

왕도독王都督[18]의 묘를 지나 대석문령大石門嶺과 소석문령小石門嶺을[19] 넘었다.

냉천冷泉[20]가에서 아침을 먹었다. 산해관 사람인 주정채朱廷採가 맞이하러 왔다. 그의 나귀로 교자를 끌겠다고 했으니, 그 이로움을 알 만했다.

고려촌高麗村을 지나는데, 들판 위에 처음으로 인묘人墓가 있었다. 마을에 때로 연대煙臺가 설치되어 있었다.

낮에 요동성遼東城[21] 남쪽 외곽을 통해 회원관懷遠館으로 들어갔다. 회원관의 동헌東軒이 기울어져 있었다. 상사는 중당中堂에 머물렀고, 허봉과 나는 회원관의 일꾼 숙소에 따로따로 거처했다.

---

18 왕상령王祥嶺 일대에 있던 명나라 시기 왕상王祥의 묘지. 조선 철종 때 서경순이 편찬한 사행기 《몽경당일사夢經堂日史》에는 '왕상의 무덤이 있다'는 서술이 있다.

19 석문령은 요령성 요양시 동남쪽에 있는 석문산石門山으로 추정된다. 《계산기정》에서는 석문령 마루터기 석벽이 딱 벌어지고 있는 것이 문을 활짝 열어 놓은 것과 같다고 묘사했다.

20 냉정冷井이라고도 하고, 일부 연행록이나 고지도에서는 냉정참冷井站으로 기재되어 있다. 김창업의 《연행일기》에서는 석문령 아래 찬 우물(冷井)이 있는데, 겨울에는 따뜻하고 여름에는 차며, 우물곁에 미나리가 많아서 사행이 봄에 돌아올 때 캐어 먹을 만하다고 했다.

6월 23일, 비가 전날 저녁부터 내리다가 오늘 아침에 이르러 갬
요동위 일대(요동성)

요동 진무鎭撫 전국신全國信, 두춘杜春, 문우文瑀가 와서 도사都司를 뵙도록
했다. 안정문安定門[22]에서 육재방育才坊을 지나 두 분의 대인께 두 번 절하
고는 서쪽 자리에 섰다. 두 대인은 도지휘사都指揮使 진언陳言, 도지휘첨사
都指揮僉事 소국부蘇國賦다. 모두 홍원령紅圓領을 입고, 두 번의 읍으로만 답
례했다. 도지휘동지都指揮同知 소승훈蘇承勳은 도망가는 백성을 막는 일 때
문에 바야흐로 금주위金州衛[23]와 여순구旅順口로 갔다고 한다.

차를 마신 뒤 두 번 절하고 나왔다. 진언은 통사들이 그가 바라던 것을
준비하지 않은 탓에 노여움을 자신의 하리에게 전가해 사사건건 꾸짖고
욕했으며 심지어는 적노賊奴라고 지목하기도 했다(按 '준비'는 아마도 '만
족'의 오류인 듯하다). 통사가 자문咨文을 올리니 성난 목소리로 읽었다. 또
이전 사행使行 때 자신이 보단報單[24]을 잘못 작성해 조정으로부터 추고를
당하자, 이 일을 가지고 통사가 즉시 뇌물을 바쳐 무마시키지 않았다고 허
물을 꾸짖고는, 장차 벌주기를 청하는 자문을 사신 일행이 귀국할 때 보낸
다고 했다.[25]

송대춘이 진언의 명령 때문에 관소館所까지 뒤따라왔다. 진언이 《황화
집皇華集》,[26] 흑립자黑笠子를 가져 오지 않은 것에 화를 내고, 이후 사행 때
인쇄해서 보내 달라고 강요했다. 그리고 그가 바라는 물건들을 직접 써서
요청했다. 염치없는 것이 이와 같았다.

76

---

21 조선 후기 고지도나 연행록에서는 구요동舊遼東이라고 했다.
22 요동 성문 중의 하나로, 주변에 회원관懷遠館이 있었다.
23 요령성 대련시大連市 일대로, 해안가에 접해 있다. 명나라 홍무 8년(1375)에 설치해 요동 도사都司에 속해
　있었는데, 청나라 옹정 12년(1734)에 영해현寧海縣으로 개편되었다.
24 특정 사안에 대한 간단한 보고서 또는 목록.
25 허봉의 《조천기》 갑술년 6월 23일 기사에는, 이번 사행 이전에 진언陳言이 예부禮部에 문서를 보냈는데 잘못
　된 내용이 있어 문책을 받았으며, 진언은 조선 통사가 이 일을 무마시키지 않았다고 비판하는 내용이 있다.

6월 24일, 맑음

요동위 일대(요동성)

송대춘이 순안어사巡按御使[27] 곽사극郭思極에게 압송에 관한 자문을 바치고 도망쳐 온 중국인들의 점검을 마쳤다. 송대춘에게 괘홍掛紅[28]을 상으로 주고 조선 국왕의 진심으로 공경하는 정성을 매우 칭찬했다고 한다.

정민廷敏이 요동 사관司官인 부총병副摠兵[29] 양등楊騰, 포정사布政司[30] 풍의馮顗, 제남부 통판濟南府通判[31] 이가애李可愛 등을 만나러 갔다.

세 대인의 집에서 각각 하정을 보내왔다. 대청大廳에서 장인관掌印官[32]의 사인을 예로써 접대하고서, 나머지는 통사에게 접대하게 했다. 그들은 술을 다 마시고서도 나가지 않더니 부채와 쌀을 더 요구하고서야 갔다. 짐승 같은 놈들이었다. 또 진무들을 접대했는데, 진무가 각각 자기들이 하정으로 보낸 거위를 요구하기에 이를 허락했다. 또한 진언의 명으로 부채 다섯 자루를 가지고 와서 시를 써 달라고 요구했지만 사양했다.

6월 25일, 흐림

요동위 일대(요동성)

송대춘이 토산물로 인삼 약 40근斤, 벼루 네 개, 활 하나, 돗자리(文席), 쌀 자루, 지권紙卷 등 많은 물건을 가지고 진언에게 가서 전했더니 진언이 매

26 조선시대 중국 사신과 조선의 접반사接伴使가 나눈 시문을 모아 놓은 책.
27 명대 도찰원都察院 소속의 감찰어사다. 명령을 받고 지방행정 등을 감찰하기 위해 나갈 경우 순안어사로 불린다. 품급은 정7품으로 낮지만 순안 등의 임무를 수행할 때 그 권한은 매우 높다.
28 좋은 일을 축하하기 위해 매달아 놓은 붉은 비단.
29 명나라의 지방 최고급 지휘관인 총병관總兵官 직속의 종2품 군관.
30 포정사는 명나라 때 최상위 지방행정 기구였으며, 청나라 때 행성行省으로 바뀌었다. 요동의 위소는 행정상 산동승선포정사司東承宣布政使司의 소속이었다. 허봉의 《조천기》 6월 24일자에 따르면, 풍의는 임시로 포

우 기뻐했다. 진언이 그의 가인家人에게 술과 음식을 성대히 차리게 하고 서는 송대춘을 정당의 상석에 앉히고 기쁘게 예를 갖추어 대접하는 것이 마치 귀한 손님을 접대하는 듯했다. 또한 보답으로 옷감 여러 필을 내어 주며 돌아갈 때 가져가게 했다.

요동 사람이 진언의 행동을 보고서 역관 홍순언에게 "도사가 우리를 갈취할 뿐 아니라 멀리서 온 조선 사신을 이렇게 토색질하는데, 당신들은 왜 예부禮部에 가서 알려 그의 폐단을 막지 않습니까?"라고 하니, 순언이 "우리가 예의지국禮儀之國에 살면서 어찌 이런 일들을 감히 할 수 있겠습니까?"라고 대답했다. 요동 사람이 "이 지역 사람들은 앞으로 견딜 수 없을 것입니다"라고 하자, 순언이 "이 지역에도 순안어사가 있는데, 왜 가서 하소연하지 않습니까?"라고 했다. 요동 사람이 "이름만 어사지 실제로는 돈을 좋아합니다. 공공연히 뇌물을 받는데 조금도 거리낌이 없습니다. 모두 등나무처럼 얽혀 있어 진언과 다르지 않은데, 가서 하소연해 봤자 무엇이 유익하겠습니까?"라고 하니, 만자라는 비난은 틀림없다고 할 수 있었다.

서장관이 묵고 있는 숙소의 주인 할멈 아들이 진언의 문지기가 되어 새벽에 나갔다가 밤에 돌아오는 것을 보고 그 이유를 물었다. 그랬더니 할멈이 "아! 이 망할 놈이 (바로 화를 내며 진언을 욕하는 말이다) 새로 부임한 이후 아랫사람을 가혹하게 부리고 으레 축시丑時(오전 1~3시)에 들어가면 해시亥時(밤 9~11시)에나 나올 수 있게 하는데, 간혹 한 번이라도 빠졌다가 발각되면 즉시 쌀 세 말을 징수합니다. 명분은 관성寬城에서 쓰이는 것에 보탠다고 하지만, 실제로는 자기 집으로 실어 옮기는 것입니다. 그 때문에 제 자

정사참의布政司參議(종4품)를 맡고 있었다.
31 통관은 지방 수령을 도와 세금 운반, 징수, 수리水利 등의 업무를 수행하였다. 산동승선포정사 관서는 제남부에 설치되었다.
32 장인관은 일반적으로 인장을 담당하는 관원을 뜻하지만, 《조천일기》와 허봉의 《조천기》에서는 요동 도지휘사인 진언陳言뿐만 아니라 산해관의 담당 관원 등도 장인관으로 기록했다.
33 요동성문의 거대한 돌기둥으로, 정영위丁令威의 고사가 전한다.
34 원래 이름은 청안사淸安寺로, 현재 요령성 요양시 백탑공원에 있다. 금金나라 세종의 어머니인 정의황태후

식 놈이 제때 밥을 먹지도 못하고 잠시 한밤중에 몰래 나와서 먹고 가는 것입니다. 아이고! 진언 이 놈은 성질이 비루하고 행동이 천박하니, 대명천하大明天下에서 수령의 자리를 어찌 유지할 수 있겠습니까?"라고 했다.

상사께서 서장관의 생일이라 술자리를 베풀어 주셨다. 많이 취하지는 않았다.

6월 26일, 맑음
요동위 일대(요동성)

성안에 이르러 큰 창고의 뜰에 있는 화표주華表柱[33]를 보았다.

북문인 진원문鎭遠門을 나와 백탑사白塔寺[34]를 관람했다. 백탑사는 성 밖 서북쪽 모퉁이에 있다. 탑이 매우 높고 컸다. 절 안에는 큰 불상이 많이 있었고, 절의 누각 중에 높은 곳이 있었다. 그 아래에 원형으로 된 기계가 설치되어 있어 밀어 보니 저절로 돌아갔다. 탑은 당나라 때 울지경덕尉遲敬德[35]이 세운 것이다.

이윽고 서문으로 들어가 망경루望京樓[36]에 올라갔다. 망경루는 3층이었는데, 올라가 바라보니 요동성이 무척 크고 인가가 매우 밀집해 있었다. 북쪽으로 광야를 바라보니 한눈에 봐도 천 리는 되었다.

가는 길에 정학서원正學書院[37]에 들렀는데, 서원에는 향현사비鄕賢祠碑[38]가 있었다. 향현사의 비문에 새겨진 한나라 사람 셋은 북해北海로 유배 왔

79

貞慈皇太后가 이곳에서 출가해 여승이 되었으며, 이후에 재건해 수경사垂慶寺라 했다. 명과 청 시기에는 광우사廣佑寺 또는 백탑사라고 불렀다.

35 당 태종 휘하의 맹장猛將.

36 화표주, 광우사廣佑寺, 백탑白塔과 함께 요동의 대표적인 명승지다.

37 명나라 효종孝宗 11년(1498) 번지樊祉가 창설한 서원으로, 이후 요좌서원遼左書院, 건무서원建武書院으로 바뀌었다. 《요동지遼東志》에서는 요동 도사에 서원을 설치하여 다른 변새邊塞에 모범이 되었다고 서술했다.

38 '향현사鄕賢祠'란 그 지방 출신 유명 학자나 인물에게 제사를 지내는 사당이며, 본문에 나온 향현사에서는

명나라의 유학자
진헌장(1428~1500)
송나라 육상산陸象山의 학풍을
계승해 유교 경전의 자질구레한
해석에 몰두하는 명대 주자학에
반발하고 실천성을 강조했다.

던 관녕管寧,[39] 평원平原 사람 왕렬王烈,[40] 양평襄平 사람 하남河南 태수太守 이민李敏[41]이다. 국조삼인國朝三人은 요양遼陽 만전현萬全縣의 유학훈도儒學訓導 장승張升, 하남 감찰어사監察御史 호심胡深, 의주義州 호과급사중戶科給事中 하흠賀欽이다. 하흠은 백사白沙 진헌장陳獻章 선생先生의 문인으로 선조先祖가 북쪽 지역의 병사가 되었기에 계속 의주에 살았다.

돌아다니며 구경하는 것을 마치고 서원에 거주하는 학생을 초대해 함께 대화를 나눴다. 위자강魏自强과 하성시賀盛時·성수盛壽 형제는 하남 사람으로 아버지가 근처 마을로 부임해서 이곳에 왔다. 여충화呂沖和는 동래선생東萊先生[42]의 후손이다. 내가 여충화에게 "당신 선조이신 동래선생은 주자와 같은 때에 도학道學을 강의하셨습니다. 그래서 매우 훌륭하게 생각하며 평생 우러러 보았는데 이제 와서 후손을 만나니 무척 기쁩니다. 오늘날 그 자손과 정헌正獻[43]·형양滎陽[44]의 자손은 얼마나 있습니까?"라고 했다. 여충화가 "많이 있지는 않습니다"라고 했다. 내가 "선업先業을 계승하는 사람은 있습니까?"라고 물으니, 없다고 했다. 허봉이 "평생 바다 건너 구석진 조선에 있으면서 중원中原의 문헌文

후한 때의 인물인 왕열王烈을 비롯한 여섯 명을 봉안하고 있다고 한다.

39 후한 말의 고사高士다. 황건적의 난을 피해 요동 땅으로 건너간 뒤 조정의 거듭된 부름에도 일절 응하지 않은 채 37년 동안 학생들을 가르치며 유유자적했다고 전한다.

40 후한 태원太原 사람이며, 의로운 행동으로 이름이 높았다.

41 촉한 양평 사람. 하남 태수를 지낸 뒤 관직을 버리고 낙향했는데, 요동 태수인 공손도公孫度가 억지로 등용하려고 하자 조그만 배를 타고 바다로 나간 뒤 자취를 찾을 수 없었다 한다.

42 남송의 철학자 여조겸呂祖謙(1137~1181), 자는 백공伯恭이며, 호는 동래다. 주자와 함께 《근사록近思錄》을

獻을 전해 받아도 물어볼 곳이 없었습니다. 최근 왕양명이라는 자가 정통 유학에 대해서 많은 잘못을 저질렀는데 어째서 왕양명을 종사從祀하자는 논의가 생긴 것입니까?"라고 물었다. 위자강과 하성시가 말하길, "양명의 학문은 공자와 맹자를 존숭하니 간사한 말로 도를 어지럽히는 자에 견줄 바는 아닙니다. 또한 문장文章과 공업功業이 모두 갖추어져 있어 볼 만합니다. 이에 근래 사람들이 숭상하는 바가 되었으며 이미 공묘孔廟에 종사되었습니다. 공公께서 들으신 바는 생각건대 위학僞學의 말에 의해 잘못 전해진 것 같습니다." 허봉이 "양명은 자기의 마음을 거리낌 없이 말하며 주자를 비방했으니, 참으로 우리 유교의 죄인입니다. 어떤 사람이 이러한 논의를 주창하여 후학을 어지럽게 한 것입니까?"라고 하니, "종사從祀한 것은 곧 조정의 여러 군자君子의 여론이며, 산림의 편견은 아니었습니다. 또한 학문에서 양지良知와 양능良能을 가지고 주장한 것은, 마음에서 깨달음이 있는 자가 아니라면 누가 그것을 알 수 있겠습니까? 또한 들은 것은 직접 사실을 본 것만 못한데, 당신들이 제대로 살피지 못하신 것입니다"라

◉ 양명학의 시조 왕양명(1472~1528)

명나라의 유학자로서 양명학의 시조가 된다. 주자학이 지배적이었던 사회분위기 속에서 독자적인 유학사상을 전개했다. 주희의 성즉리性卽理와 격물치지설格物致知說을 대신해 심즉리心卽理, 치양지致良知, 지행합일설知行合一說을 주장했다.

편찬했다.

43 북송 신종神宗 시기의 재상 여공저呂公著(1018~1089). 자는 회숙晦叔, 정헌은 시호이며, 동래東萊 사람이다. 왕안석王安石이 새롭게 제정한 청묘법靑苗法에 반대했으며, 철종哲宗 때 상서우복야尙書右僕射에 제수되자 사마광司馬光과 함께 신법 폐지를 주장했다.

44 여공저의 아들 여희철呂希哲(1039~1116). 자는 원명原明. 변경汴京 사람. 범조우范祖禹의 추천을 받아 숭정 전설서崇政殿說書를 지냈다. 정이程頤와 나이가 서로 비슷했지만, 정이의 학문을 깊이 존경하여 나중에는 스승으로 섬겼다. 저서에《형양공설滎陽公說》이 있다.

고 했다. 말이 끝나고 부채를 주며 작별했다. 대문 안에서 세 번 읍례를 한 뒤 말에 올라서 다시 읍례를 했다.

6월 27일, 아침에 비가 내리다가 오후에 갬
요동위 일대(요동성)

도사로부터 연향燕饗을 받았다. 처음에 뜰 안에 섰다. 두 대인은 홍단령을 입고 북벽 아래에 앉아 있었다. 유생 넷이 처마 아래서 세 번 읍하니, 대인이 답례로 읍했다. 이를 마치고 뜰로 내려와 우리 일행과 서향西向하여 오배삼고두五拜三叩頭[45]를 했다. 대인이 돌아가서 앉았다. 내려올 때는 진언 대인이 동쪽 계단으로 소국부 대인이 서쪽 계단으로, 올라갈 때는 진 대인이 서쪽 계단으로 소 대인이 동쪽 계단으로 갔다. 또 당상堂上에서 재배再拜했다. 상사는 동쪽 자리에 앉았고, 서장관과 질정관은 서쪽 자리에 앉았다.

상견례를 마치고 구작례九爵禮[46]를 행했다. 의자 앞 상에 안주와 음식을 미리 준비해 두었다. 잔(계란같이 작았다)을 잡은 뒤에 여러 음식이 계속해서 나왔는데 무려 40여 그릇이나 되었다. 악공樂工이 홍문의 검무(鴻門劍舞)[47]와 관우와 장비가 싸우는 형상, 한인漢人과 달인達人이 승부를 벌이는 형상을 가지고 차례차례 우리 앞에서 춤추었다. 또 천비天妃의 형상을 인용해 춤을 추었는데 그 모습이 매우 사특했다. 우리를 위로하는 뜻이 지극하다 할 만했지만 너무 번잡하고 사치스러운 것은 유감이었다. 진 대인이

---

45 다섯 번 엎드려 절하고 세 번 이마를 땅에 대고 절함. 가장 공경하는 의미를 담은 절.
46 정조正朝 · 동지冬至 · 탄일誕日과 같은 왕실 행사에서 임금 · 세자 · 중궁께 술잔을 아홉 번 올리는 의례.
47 항우가 유방을 홍문으로 초대했을 때 범증이 사람을 시켜 검무를 추는 중에 유방을 죽이려 했던 고사에서 유래한 무곡.

별도로 술 두 잔을 술을 따라 주었는데, 이는 필시 물건을 얻어서 기뻤기 때문일 것이다.

또 대인과 뜰에서 오배삼고두를 했다. 진 대인에게 재배再拜하고 돌아왔다.

저녁에 서원생도 위휘부衛輝府 사람 하성시, 요동 사람 요계姚繼와 이순지孝順之, 손우巽宇 등이 향기로운 차를 가지고 와서 사례했다. 대화하는 자리에서 허봉이 "설문청薛文清[48]이 노재魯齋[49]를 추존推尊한 것이 지극했는데 그를 비판한 사람이 누구입니까? 또한 요양遼陽의 선정先正 중에도 성리학(心學)을 공

⊙ 오랑캐를 섬긴 유학자 유기
명나라 태조를 도와 왕조를 창건하는 데 공을 세웠다.

부한 사람이 있습니까? 급사 하흠은 어떠한 사람입니까?"라고 물었다. 하성시가 "노재 선생은 당시의 어진 선비로서 지극히 칭송을 받았습니다. 그러나 중국인으로 오랑캐를 섬겼으니 유성의劉誠意〔유기劉基를 가리킨다〕가 여러 흉악한 무리가 들끓는 가운데 천명을 받은 참 임금을 식별한 것과 비교해 보면 어떻겠습니까? 그 때문에 비난하는 자들이 없지 않습니다. 의려醫閭 하흠은 요양의 성리학자일 뿐 아니라, 백사白沙 진헌장 이후에 살펴보아도 견줄 자가 없습니다"라고 말했다.

허봉이 "허형 때에는 천지가 뒤집혀 인류가 장차 멸망할 지경이었으니,

---

48 명나라 철학자 설선薛瑄(1389~1464). 자는 덕온德溫, 호는 경헌敬軒. 정주학파程朱學派의 이학理學을 계승하고 추숭하여 지경복성持敬復性을 요지로 삼았다.
49 원나라의 대표 학자 허형許衡(1209~1281)의 호. 자는 중평仲平. 하남성 농민 출신으로, 정이程頤·주희朱熹에게 깊은 영향을 받아 요추姚樞 등과 여러 학문을 연구했으며 원나라 주자학의 성행을 이끌었다.

진실로 허형이 지탱해 주는 힘이 없었다면 백성은 곤죽이 되었을 것입니다. 그래서 설선이 그 출사를 가지고 옛날 성현과 비교한 것입니다. 여러분은 아직 설문청의 글을 보지 못했습니까? 유성의는 원나라의 과거에 합격했다가 우리 명 태조를 섬겼으니 공렬功烈은 비록 칭찬할 만하나 행실은 기술할 만한 것이 없습니다. 하물며 만년에 과감하게 은퇴하지 못하고 간신에게 독살되었으니 또한 허형이 초연히 멀리 떠난 것과는 다릅니다. 그러니 허형과 비교하는 것이 어찌 그릇된 것이 아니겠습니까? 하흠은 성리학자로 제가 높이 우러러 본 지가 오래입니다. 공의 말씀이 참으로 옳습니다"라고 말했다.

하성시가 "허형이 이미 망한 상황에서 인륜을 부지했으니 후세에 그 공적을 기술한 자가 대부분입니다. 사람들 중에 허형을 비난하는 자들이 있지만 백옥의 작은 흠일 뿐입니다. 유성의는 비록 원나라에서 급제했지만 후에는 은거해 벼슬하지 않았고 또한 명 태조를 섬겼습니다. 이는 식견이 매우 높고 출신出身이 굉장히 바른 것입니다. 이 사람이 아니면 중국은 끝내 오랑캐가 소유했을 것이니 만세의 정통은 누가 이었겠습니까? 또한 개국의 원훈이 되었으니 어찌 단점이 많겠습니까?"라고 했다.

허봉이 다시 명철보신明哲保身이라는 말로 힐난하니 하성시가 다른 나라에 있을 때는 그 나라의 대부를 잘못되었다고 하지 않는다는 말로 웃으며 답했다. 처음에는 부채와 붓을 사양하다가, 강권하니 받았다. 세 번 읍하고 헤어졌다. 후일 가을에 만날 것을 기약했다.

6월 28일, 맑음

요동위 일대(요동성 → 사하포 → 안산포)

집에 보낼 편지와 한양의 여러 친우에게 사례하는 편지를 써서 계본啓本[50]을 가지고 갈 의주 사람에게 부쳤다.

성에 들어갔다가 서문인 술성문述成門으로 나왔다.

관왕묘關王廟, 옥황묘玉皇廟를 지났다. 옥황묘부터 서쪽으로는 조금이라도 사람의 거주가 있으면 곳곳마다 사당이 설치되어 있었다. 읍邑에서는 사당을 크게 지었고 리里에서는 작게 지었다. 혹은 한 칸으로 세우기도 하고 혹은 벽 사이에 사당을 두기도 했다. 사람 모양의 상을 흙으로 빚어 놓고 앞에 향화香火를 설치했다.

수산포령首山鋪嶺을 지나갔는데, 산에 초목이 없고 전부 암석만 있었다. 속설에 전하길 당 태종이 요遼 지역을 정벌할 때 진을 친 장소라고 한다.

연대煙臺를 거쳐 갔다. 요동 남쪽에는 연대가 산 위에 많이 있었지만 위에는 인가가 없었다. 마을에 설치된 것이 겨우 한두 개 보였다. 요遼 지역부터 서쪽으로 5리마다 연대가 하나씩 연이어 있었다. 연대 위에는 집을 지었고 연대 아래에는 또한 작은 성을 세웠으며 성 안에는 으레 5정으로 하여금 식솔들을 데리고 가서 살면서 지키게 했다. 정丁의 월봉月俸은 은銀두 전錢인데 변경 연대의 군인이게는 겨울옷을 더 지급했으니 병사를 기르는 노고와 변방을 지키는 정책이 지극하다. 만약 훌륭한 장수에게 변방을 맡겨 군사들을 어루만지고 훈련시켜서 황제의 위엄을 견고히 한다면,

---

50 조선시대에 임금에게 큰일을 알릴 때 제출하던 문서 양식.

오랑캐가 어찌 세력을 믿고 침범하겠는가? 그러나 으레 소수의 적이라도 만나면 번번이 성 위에서 엎드려 감히 화살 한 발도 쏘지 못해서 제멋대로 노략하게 만들어 놓고는 백성들이 어육처럼 묶이는 것을 앉아서 보고만 있을 뿐이다. 오호라, 어찌 이목李牧,[51] 조충국趙充國[52] 같은 무리를 얻더라도 이런 상황에서 천자를 위해 변방을 제어할 수 있겠는가?

그러나 다행히 변경에 대한 근심이 적은 것은 다만 오랑캐 가운데 웅대한 계략을 가진 자가 나오지 않았기 때문이지만, 임금이 된 자가 어찌 저들에게 호걸이 없다고 하여 자신의 방어를 소홀히 하겠는가? 중국의 많은 물력物力과 엄밀한 방어로도 오히려 삼가며 조심함이 마땅하다.

그런데 우리 동방의 평안도와 함경도 등의 지역은 방비가 이에 미치지 못하고 군민軍民을 약탈하는 놈들은 도적 같은 오랑캐뿐이 아니다. 우리의 수령과 장수로서 나라의 신하가 된 자들이 적들에게 공격의 빌미를 제공하기도 전(召敵讐不怠[53])에 먼저 와해되는 형세를 만들 것이니, 묘당에서 정사하는 자가 깊게 생각해 미리 방어하지 않을 수 있으랴.

사하포沙河鋪[54]에서는 노盧씨 성을 가진 사람의 집 뒤 버드나무 아래서 쉬었다.

사하를 건널 때 파총관把摠官[55]의 큰 말을 이용했다. 도사가 류계훈劉季勳으로 하여금 병사를 거느리고 호송하게 했다.

장전포長甸鋪를 지나 안산포鞍山鋪의 역관에서 숙박했다.

---

51 중국 전국시대 조趙나라의 명장.

52 전한 무제武帝 · 선제宣帝 때의 명장.

53 《서경書經》에 나오는 말로 직역하면 '원수를 부르기를 게을리 하지 않는다'는 의미이며, 여기서는 '적들로 하여금 공격할 빌미를 제공한다'는 뜻이다.

54 요령성 안산시鞍山市 동북 일대의 옛 지명.《방여기요方興紀要》〈수산보首山堡〉에 남사하보南沙河堡가 있는데, 사하포 일대를 지칭하는 것으로 보인다.

55 병사의 통솔 혹은 교련을 담당했다. 관품은 소속에 따라 일정하지 않으며 청대의 경우 정7품이었다.

6월 29일, 맑음
해주위 일대(감천포 → 토하포 → 해주위)

탕아하湯兒河와 팔리하八里河를 건넌 후 감천포甘泉鋪를 지나 토하포土河鋪 동쪽 길옆에 있는 종이鍾二의 집에서 쉬었다.

해주위海州衛[56]의 북문으로 들어갔다가 서문으로 나와 재성역在城驛 근 방 민생채閔生彩의 집에서 숙박했다. 집 남쪽에 하천이 있었는데, 잔잔하고 시원한 것이 아주 좋았다. 함께 나가서 관망하고 있는데, 옆에 유녀遊女들이 여럿 있어 사람을 시켜 쫓아냈다. 저녁에 물에 들어가서 목욕을 했다. 처음에는 북쪽 행랑의 동쪽 방에서 묵었는데, 해주위 사람이 와서 이 성량李成梁의 아들이 이 방에 묵어야 한다기에 결국 남쪽 허봉의 거처로 옮겼다. '역경에 대처하기는 어렵다(處逆境難)'라는 말이 매우 옳다.

모재慕齋[57]의 선정善政에 대하여 들었다.

7월 1일, 맑음
해주위 일대(해주위성 → 재성역 → 우장역)

조공마朝貢馬가 놀라 달아나 성의 위소衛所로 들어갔다. 참장參將 왕영우王 永祐가 성문을 닫고 말을 잡아서 보내 주었다. 요양 반송사伴送使[58] 김국신 金國信, 장국무張國武, 장 아무개 등이 뒤따라왔다. 이들이 우리를 북경까지

87

---

56 요령성 해성시의 옛 지명. 1376년(명 홍무 9)에 설치되었으며, 요동 도사 관할에 속했다.
57 김안국金安國(1478~1543)의 호. 조선시대 문신. 본관은 의성. 자는 국경國卿. 김굉필金宏弼의 문인으로 도학 에 통달하여 지치주의至治主義 사림파의 선도자가 되었다. 인종의 묘정廟庭에 배향되었으며, 여주의 기천 서원沂川書院과 이천의 설봉서원雪峰書院 등에 제향되었다.
58 외국 사신을 호송하던 명나라의 임시 벼슬.

호송한다.

재성역在城驛[59] 앞에서 북쪽으로 가다가 광녕로廣寧路에 이르러 북으로 향해 쌍둔雙屯에 있는 요姚씨 집 버드나무 그늘에서 쉬었다.

소마두포小馬頭鋪와 건구포乾溝鋪 등을 지나 저녁에 우장역牛莊驛에 들어갔다. 우장역은 동창포東昌鋪라고도 한다.

유이劉二의 집에서 숙박했다.

7월 2일, 맑음
해주위 일대(신창포 → 서녕포 → 사령역)

신창포新昌鋪, 천비묘天妃廟를 지났다. 천비묘에서 상像을 세워 놓고 기도를 했는데 이르는 곳마다 마찬가지였다.

축도築道 위로 갔다. 축도는 광녕廣寧 총병 양조楊照[60]가 지은 것이다. 해자를 판 흙으로 축도를 만들었다. 해자를 깊게 파도록 하여 오랑캐의 군마가 오는 것에 대비했으며 또한 장마철에 축도 안쪽의 길이 질퍽해 끊기면 작은 배로 해자를 거쳐 광녕으로 통하게 했다.

7~8리쯤 가니 길이 끊기고 물이 깊어서 배를 탔다. 동창보東昌堡의 수보관이 미리 포구 사람을 시켜 배 네 척을 가지고서 기다리게 했다. 배가 작고 상판을 얹어 묶어 놓았기 때문에 말을 실을 수 없어 육로로 끌고 오도록 했다.

배를 타고 내려가 삼분하三坌河[61]에서 배에 탄 채 쉬었다. 강이 임진강에

---

59 《표해록漂海錄》에서는 재성역이 해주위의 성 서문 밖에 있기 때문에 '재성역'이라 부른다고 했다.
60 명나라 무관. 가정嘉靖 연간(1522~1566) 여러 번 무공을 세워 요동 총병관이 되었다. 그가 달자와의 전투 중 전사한 사실이 조선 지식인들 사이에서 회자되었다.
61 《계산기정》에서는 주류하, 태자하, 혼하가 모여 바다로 들어가는데 이를 삼차하三叉河 또는 삼분관三坌關이라 하며, 옛 요수遼水라고 했다. 〈요계관방지도遼薊關防地圖〉에는 삼차하가 바다와 만나는 지점에 삼분하라고 표시되어 있기도 하다.

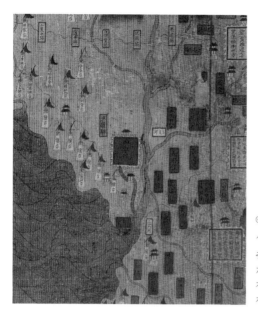

⊙ 〈요계관방지도遼薊關防地圖〉중
삼분하 일대

중국의 요동 지방에서 북경 근처의
계薊 지역에 이르기까지의 경로를 그린
지도로 이이명李頤命이 1706년(숙종 32)에
제작하여 왕에게 올렸다. 규장각 소장.

비해 약간 컸다. 남쪽으로는 마권자포馬圈子鋪가 있다. 물가에 성을 지어
놓고, 강을 가로질러 배를 이어 널빤지로 연결해 행인들이 강을 건너게 했
다. 당나라 군대가 건넜다는 요하遼河가 바로 이 강이다.

　서녕포西寧鋪, 고돈포高墩鋪 등을 거쳐서 사령역沙嶺驛 우경순于景順의 집
에서 숙박했다. 이날 저녁에 안장 덮개와 기름종이를 잃어버렸는데, 요하
북쪽에는 도적들이 많기 때문이다.

　수보관 임林 아무개가 하정을 주면서 약을 구했다. 편지에 '내 부인에게
어떤 병이 있으니, 어떤 약을 얻었으면 한다'라고 적혀 있었다. 이와 같이
무례했다. 비어지휘備禦指揮 배영훈裵永勳도 하정을 보내면서 약을 구했다.

약 이외에도 구하려는 방물方物[62]이 매우 많았지만 주지 않았다.

7월 3일, 흐림
광녕위 일대(평양포 → 신녕포 → 고평포)

고교포高橋鋪와 평양포平洋鋪를 지났다. 대체로 반산盤山에서 우장牛莊에
이르기까지 지형이 사방으로 평평해서 장맛비가 조금만 내려도 물이 빠질
데가 없었다. 깊은 곳은 한 장 깊이가 되었고 얕은 곳은 진창이 되었다. 당 태
종이 군사들에게 흙을 지고 와 진창을 평평하게 메우도록 하고는 자신은 말
위에서 그것을 도왔다는 곳이 이 구간이다. 옛날에는 교비橋碑가 있었다.

접관정接官亭에서 쉬었다. 중국 사신이 사행을 올 때 현지 관원이 사신
단을 영접하고 휴식하도록 하는 곳이다. 군관軍官 등이 도랑에서 그물로
고기를 잡았는데, 점심때가 되어도 식사 준비가 안 되어 의주에서 따라 온
노비 한 명과 군관의 종 두 명이 매질을 당했다.

신녕포新寧鋪를 지나 고평포高平鋪에서 숙박했다. 숙소는 고평포 가賈씨
집인데 동아東阿라고 불렀다. 이계진이 사미인화四美人畫를 사서 돌아갔다
고 들었다. 우습다.

안정란이 뒤따라와 합류했다. 안정란은 윤수관尹秀寬이 처지자 뒤에 남
아 수레를 재촉한 뒤 우리 일행을 따라왔다.

---

62 명나라에 보내던 조선의 특산물.

7월 4일, 흐림

광녕위 일대(요참 → 반산관역)

송대춘이 광녕으로 먼저 가 미리 수레를 재촉했는데, 수레가 오는 곳이 멀었기 때문이다.

고평포 서문으로 나와 10리를 이동한 후 축도 위로 갔다. 축도로 가면서 북쪽으로 오랑캐 지역의 산을 바라보니 마치 바다의 여러 섬이 연기의 파도 속에 어렴풋이 있는 것 같았다. 의무려산醫巫閭山이 서북쪽 수백 리 지

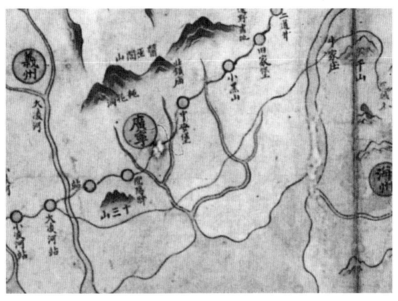

⊙ 〈서북피아양계만리일람지도西北彼我兩界萬里一覽之圖〉중 의무려산 일대
의무려산은 요령성 북진시에 있는 중국 12대 명산 가운데 하나로, 육산六山, 광녕산廣寧山, 여산閭山이라고도 한다. 위 지도에는 광녕의 서북쪽으로는 의무려산이 길게 그려져 있다.
국립중앙도서관 소장.

역에 길게 뻗어 있었다. 서남쪽으로는 다만 끝없이 펼쳐진 평원만 있었고, 동쪽으로는 장벽까지 거리가 채 50리도 되지 않았다. 그 사이에 간혹 조악한 차조[63]를 심어 놓았는데 눈에 띄는 건 전부 갈대였고 우장으로부터 광녕까지 이어졌다.

요참腰站을 지나 정오 무렵에 반산관역盤山館驛에 들어가 묵었다. 반산관에서 허봉이 홍순언으로 하여금 수역관守驛官에게 말먹이를 요구하도록 하니 조공마가 그제야 배불리 먹을 수 있었다. 밤에 허봉과 함께 대화를 하다가 스스로를 속이는 병이 있음을 깨달았으나 말이 이미 입 밖으로 나와 고칠 수가 없었다.

7월 5일, 흐리다가 저녁부터 비가 오기 시작해 밤까지 이어짐
광녕위 일대(내원포 → 제승포 → 광녕성)

반산역盤山驛에는 말이 없어 고평역의 말을 그대로 이용했다.

내원포來遠鋪, 조구포朝溝鋪,[64] 평구포平句鋪[65] 등과 화소교火燒橋를 거쳐 제승포制勝鋪[66]의 삼결의묘三結義廟에서 쉬었다. 삼결의묘에는 유비가 가운데, 관우가 오른쪽, 장비가 왼쪽에 있었다. 주창周倉 등 네 명이 시립侍立하고 있었으며 소상塑像[67]을 세워 놓고 붉은색으로 장식해 놓았는데 오랑캐의 변란으로 거의 벗겨졌다. 도처에 삼결의묘를 세워 놓은 것은 명 태조께서 명했기 때문이다. 제승포는 정사년(1557)에 달적에게 함락당했을 때

63 찰기가 있는 조.
64 반산에서 광녕으로 가는 길에 위치한 지역이며, 이항복李恒福의《백사집》〈조천록〉에도 등장한다.
65 요령성 북진 동북 일대에 있었던 지명으로, 이항복의 〈조천록〉에서는 평전포平句鋪로 되어 있다.
66 요령성 북진 만족자치현 동쪽 일대의 옛 지명. 허봉의《조천기》에서는 예전에 번화했던 곳이었는데 가정 36년(1557)에 달자에게 함락당해 인가 서너 채만 있을 뿐이라고 설명하고 있다.
67 찰흙으로 만든 사람 형상.

사람들이 도륙을 당했다. 이 때문에 백성들이 흩어져 버려 포를 설치할 수가 없었기에 다만 봉화대만 있을 뿐이었다. 그 이야기를 듣고서 매우 참담했다.

지나가면서 동악묘東岳廟를 보았다. 동악묘는 태산묘泰山廟다. 묘우廟宇[68]의 규모가 매우 장엄하고 화려했다. 정사년에 달적이 불태운 후 담장과 건물이 모두 무너지고 다만 소상 10여 개만이 남아 있을 뿐이었는데 어떤 것은 온전히 남아 있고 어떤 것은 부서졌다. 비碑에는 오악五岳[69]의 형상을 새겨 놓았는데 매우 괴상했다. 관리들이 역役을 독려하여 중창하고자 했는데, 내가 생각하기에 대종岱宗[70]은 제齊나라의 산이므로 마땅히 그 지방에서 여제旅祭[71]를 지내도록 해야 하고, 광녕부廣寧府에서는 다만 의무려산에 제사를 지내는 것만이 옳다. 경계 밖의 산을 위해 백성들을 수고롭게 하고 재력을 낭비하는 것은 심히 옳지 않은 것이다.

광녕의 남문 밖 왕정王政의 집에서 숙박했다. 왕정은 향화인向化人[72]의 아들인데 매우 부유하게 살았으며 귀신에 현혹된 자였다.

7월 6일, 맑고 밤에는 천둥
광녕(광녕성)

수레가 아직 오지 않아서 왕정의 집에 머물렀다.

광녕부의 관원에게 예단을 보냈는데, 도어都禦[73]〔(按) '어禦'는 '어御'의 오류

---

68 신위를 모신 집.
69 중국의 이름난 다섯 산, 태산·화산華山·형산衡山·항산恒山·숭산嵩山을 일컫는다. 필사본에는 '오악五岳'으로 되어 있다.
70 태산을 일컬음.
71 산천에 지내는 제사 중 하나로, 《논어》에 따르면 해당 지역의 제후가 그 제사의 주체가 된다.
72 귀화한 사람.
73 도찰어사都察御史의 약칭. 도찰원 소속으로 각 기관의 감찰을 담당하며 좌우 도어사는 모두 2품이다.

일 것이다) 장학안張學顏은 서찰만을 받았다. 그는 관부의 벽에 '변경에 살더라도 행동거지가 청명淸名해야 사람들이 감히 뇌물을 주지 못한다'라고 써 놓았다. 비어備禦 양대열楊大烈은 정해진 예단을 받지 않았고, 하정을 보낸 후에 답례만을 받았다. 진언에 비하면 백이伯夷와 같은 사람이다. 총병관 이성량李成梁은 예물을 받지 않았다. 야불수夜不收[74] 강득산姜得山과 당록唐祿을 차출하여 각 역에 수레와 말을 재촉하게 하고 아울러 역사에서 유숙하게 했다.

상사께서 내 생일을 그냥 지나쳤기 때문에 나를 위해 술자리를 베풀어주셨다. 벼루 한 개와 부채 스무 자루를《성리대전性理大全》[75]과《대학연의보大學衍義補》[76]와 바꾸었다.《성리대전》은 19권으로 한 권이 빠졌다.

7월 7일, 맑음
광녕위 일대(광녕성)

북진묘北鎭廟를 둘러보았다. 북진묘는 성에서 북쪽으로 5리쯤에 있다. 묘는 매우 넓고 탁 트였으며, 가운데에 의무려산신醫無閭山神의 상을 세워 두었는데 사람 모양을 한 큰 소상이었다. 또 뒤쪽에 침소가 있었는데 상像 두 개를 세워 두었다. 마치 배필처럼 함께 단단히 붙어 있었다. 아! 산중에 어찌 산신에게 배필이 있으며 또 사람의 모습을 하고 있는 것인가? 북진묘의 뜰에는 비碑가 무려 수십 기나 있었는데, 모두 금나라 · 원나라 이래로

94

---

74 군중에서 오랑캐들의 사정을 알아내는 자를 일컫는 말.
75 명나라 영락제 13년(1415)에 호광胡廣 등이 편찬한 책. 주자周子, 장자張子, 주자朱子 등 여러 학자의 성리설性理說, 이기설理氣說을 모아 수록했다.
76 명나라의 구준邱濬이 1487년에《대학연의》를 보충해 지은 경서經書.《대학》의 여덟 조목 가운데 치국평천하治國平天下에 중점을 두어 논했다.

명나라까지의 기도문과 제문이 실려 있다. 가정 연간(1522~1566)에는 심지어 득남得男을 빌었다고 한다. 동북 모퉁이에 여공암呂公巖이라는 곳은 여동빈呂洞賓이 놀던 장소인데, 암석의 기세가 웅장했다. 위를 바라보니 수천 개의 봉우리가 아득히 동남쪽에 있었는데, 아련히 고향 생각이 났다. 그 위에서 상사, 서장관과 각각 술 한잔을 마셨다. 또 묘당 서쪽에서 부월석鈇鉞石을 보았는데 괴상한 이야기가 있다고 한다. 쟁송爭訟하는 사람들로 하여금 올라가서 뛰어내리게 하면 정직하지 않은 사람은 반드시 상처를 입고 정직한 사람은 다치지 않는다고 한다.

사슴을 보았다.

7월 8일, 흐림
광녕(십리포 → 장진보 → 여양역)

낙타를 처음 봤다. 어떤 사람이 낙타를 타고 와서 부채를 요구했다. 낙타는 등 위에 살이 있는데 마치 안장 같으며, 몸체가 매우 높고 컸다. 무릎에는 관절이 세 개 있으며, 머리는 작고 말과 비슷하고, 다리는 소와 같은데 살 굽이 있다. 사람이 낙타를 타려고 하면 먼저 낙타를 스스로 엎드리게 하는데 사람이 타고 나면 일어나서 움직인다.

외성 서문을 나와서 십리포十里鋪, 대사포大沙鋪를 지나 장진보壯鎭堡[77]의 인가에서 쉬었다. 은으로 걷는 세금에 대해서 들으니, 부자는 1년에 한 냥

---

77 명나라 때 광녕에서 여산역으로 가는 길에 위치했던 곳으로 추정된다. 허봉의 《조천기》에는 장진보가 폐지되었다고 서술되어 있다.

두 전, 가난한 사람은 1년에 일고여덟 전, 중간에 있는 자는 해마다 한 냥을 징수하기 때문에, 매우 가난하다고 한다. 달적이 올 때 어떻게 모면하는지를 물었더니, "바닷가로 도망가서 살해와 포획을 모면하든지, 높은 산으로 올라가 달적이 쫓아오면 돌을 모아 떨어뜨려 근처에 오지 못하게 합니다"라고 대답했다.

사탑포四塔鋪를 지나 여양역성閭陽驛城[78]에서 유숙했다. 경신년(1560)에 본국의 사신 오상吳祥[79]이 여기에 들어왔을 때 달적이 와서 포위했는데 몇 만이나 되는지 알지 못할 정도였다. 수보관이 도망가려고 하자 통사 최세협崔世協이 그를 잡아 상사 앞에 데려와서는 "성을 버리는 죄는 참형에 처해야 하니, 먼저 칼로 너를 베겠다"라고 했다. 수성관이 목숨에 급급해서 마침내 성문을 닫고 견고하게 지켰더니, 달적들이 편전片箭[80]을 맞고 물러갔다.

7월 9일, 흐림
광녕위 일대(신포 → 십삼산포 → 소릉하성)

새벽에 여양을 출발해 신포新鋪, 유림포楡林鋪, 탑산포塔山鋪, 산후포山後鋪 등을 지나 십삼산포十三山鋪에서 쉬었다. 십삼산포역의 수역관 양봉의楊鳳儀가 계채鷄菜로 식사를 대접해 주었는데 자못 예의가 있었기에 부채와 갈모로 보답했다.

---

78 요령성 북진 만족자치현 서남쪽 일대의 옛 지명. 허봉의 《조천기》에서는 역이 의려산의 남쪽에 있기 때문에 여양역이라는 이름이 붙었다고 했다.
79 1512~1573. 조선 중기의 문신. 1555년(명종 10) 동지사로 명나라에 가서 《대명회전》 반입, 세자 책봉 등의 문제를 건의했다.
80 아기살이라고 불리는 화살의 이름이자 통아桶兒를 이용해 사격하는 방식을 뜻한다.

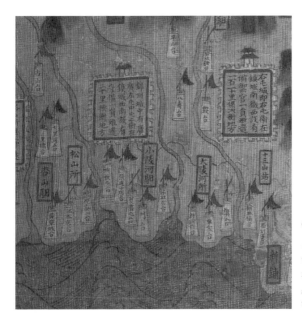

⊙ 〈요계관방지도〉중
소릉하와 송산소 일대
명나라 때 요동 일대의
정보를 담고 있는 지도에서도
소릉하와 송산소를 쉽게
발견할 수 있다.

관음사觀音寺, 대릉하大凌河, 능하천호소성凌河千戶所城,[81] 자형산포紫荊山

鋪, 왕충민비王忠愍碑[82]를 지났다. 왕 충민공의 이름은 치도治道다. 금주위

사람으로 경오년(1570)에 광녕 총병摠兵이 되어 달적과 의주장성義州長城[83]

밖에서 싸우다가 패전하고 죽었다. 의주·금주 참장 낭덕공浪德功이 '주장

主將이 죽었는데 혼자 어찌 살 수 있겠는가?'라며 적의 수급을 베다가 죽

었다고 한다.

소릉하성관역小凌河城館驛에서 유숙했다.

---

81 능하는 대릉하大凌河의 남쪽 광녕좌둔위의 동남쪽 15리에 위치하는데, 능하천호소성은 그 일대에 세운 성을
가리킨다.

82 정식 명칭은 '광록대부증소보좌도독시충민왕공신도비光祿大夫贈少保左都督諡忠愍王公神道碑'로 1572년 6
월에 세웠고 한림수찬翰林修撰 나만화羅萬化가 비명을 지었다.

83 요령성 금현 동북쪽 의주위에 있던 장성으로 추정된다.

7월 10일, 맑음

광녕위 일대(송산천호소성 → 관찰산 → 행산역)

趙조와 周주 아무개의 두 비碑를 지나 송산천호소성松山千戶所城[84]에 도착했다. 관찰산觀察山[85]을 지났다. 예전에는 달적이 매번 사람을 관찰산으로 끌어들여 죽이고는 했다. 산에 주검이 많이 쌓여서 관재산棺材山이라고 했다가 ○○○○관찰산으로 이름을 고치고 비碑를 세웠다.

낮에 행산역성杏山驛城에 이르러 관내에서 함께 술을 마셨다. 꽤 취하고서야 술자리가 끝나 누워서 해가 지는지도 몰랐는데, 어두워져 일어나니 몸 상태가 안 좋았다. 술의 해로움이 크다. 대저 능하 북쪽의 여러 작은 성들은 일찍이 정사년(1557)에 달적에게 전부 함락되어, 마을은 쑥대밭이 되고 사람 수는 크게 줄어들어 마치 방금 파괴된 성과 같았다. 이곳에 이르니 성은 견고하고 사람들은 많아서 가히 의탁할 만했다. 그러나 남쪽은 바다와 가까워 10리 혹은 5리 정도 떨어져 있고 북쪽으로는 오랑캐 지역과 접해 있는데 그 사이에 한 가닥 길만 있다. 그 길가가 비록 구덩이같이 되어 있어 오랑캐의 말들이 넘어오는 것을 막는다고 해도 한 주머니의 흙을 한 번만 던져도 금방 평지가 되니 매우 위험한 곳이다. 전날 100리를 이동해 사람과 말이 많이 지쳐 있었다. 수레를 끄는 사람들은 간단한 식사조차 할 수 없을 뿐 아니라 부엌에서 차린 음식 역시 간혹 보더라도 먹지는 못했다.

---

84 요령성 능해시 서남쪽 송산에 있었던 천호소. 천호소는 명나라 때 군인 1000명으로 꾸려진 단위 부대로 백호소百戶所 열 개가 모여 이뤄지며, 천호소 다섯이 모이면 위衛가 된다.
85 허봉의 《조천기》에서는 행산역 4~5리쯤 못 미친 곳에 있다고 서술했다.

7월 12일, 맑음

영원위 일대(고교포 → 탑산천호소성 → 연산)

홍라산弘螺山을 지났다. 홍라산의 남쪽은 명나라 땅이고 북쪽은 달자 지역이다((按) 홍라산의 '홍弘'은 '홍紅'의 오자인 듯하다).

고교포高橋鋪를 거쳐 탑산천호소성塔山千戶所城 남쪽 영甯씨네 집에서 쉬었다. 집 근처에는 열두 살짜리 여효汝孝라는 아이가 있는데, 《주역》을 가지고 왔기에 건괘乾卦를 읽어 보게 했더니 읽기는 잘했지만 풀이하지는 못했다. 부채를 주면서 칭찬해 주었다.

동하東河를 지나 연산連山에서 유숙했다. 수역관 성수렴盛守廉이 채소와 과일, 술과 고기를 대접해 주기에 부채 한 자루를 주며 사례했다. 처음에는 받지 않으려고 했는데, 그것이 어찌 예의겠는가?

⊙ 〈서북피아만리일람지도〉 중
홍라산 일대
홍라산은 요녕성 호로도시葫蘆島市
중부에 있는 대홍라산을 가리킨다.

99

영원위 사람인 참장 선세록線世祿이 병의 증상을 미리 적어서 술과 고기, 채소와 과일을 함께 보내면서 약물을 구했다. 정례情禮가 꽤 갖추어졌기에 부채와 약으로 보답했다. 의원 장언룡張彦龍으로 하여금 처방을 적어 보내게 했는데 장언룡이 만들지 못해 홍순언이 대신했다.

7월 12일, 맑다가 저녁에 비
영원위 일대(쌍수포 → 영원위성 → 조장역)

전날 저녁 영원성 사람이 변경의 급보를 잘못 보고해서 아침에 호송군 100명을 보냈다. 쌍수포雙樹鋪를 거쳐 영원위寧遠衞 동문 밖에서 휴식을 취했다. 영원성 동쪽에는 참장 선보곤線補袞의 정문旌門이 있었다. 선보곤은 영원위 사람인 선세록의 아들이다. 서른한 살에 영전寧前[86] 참장이 되어 병사 100여 명을 이끌고 석하石河 서석교西石橋 곁을 지나다 갑자기 달적 100여 명을 만났는데, 적의 수가 적다고 생각해 추격했다. 달적들은 모두 달아났지만 매복하고 있던 자들이 2000여 명이나 되었기 때문에 결국 전사했다. 조정에서는 그를 위해 정문을 세워 표창했다. 한편 참장 선세록이 약물과 부채를 보내 준 것에 기뻐하며 다시 채소와 과일로 단자單子를 만들어 그의 외종질 이수훈李守勳으로 하여금 관冠〔유건儒巾〕과 의복〔청원령흑연靑圓領黑緣〕을 갖추고 찾아와 감사해 하며 절하게 했다. 예로써 대하는 마음이 무척 두터웠다. 의원이 이미 지나가 버려서 진료를 받기 어려웠으

---

86 지명인지, 영원위와 관련된 표현인지 불분명하다. 또는 '전 참장前參將'이 될 가능성도 있다. 다만《명실록》에 "寧前兵備僉事"란 표현이 있는 것으로 보아 단독 지명일 가능성이 높다.
87 등나무로 만든 침鍼을 말하는 듯하다.
88 과거에서 1등으로 합격하는 것.
89 양마와 이마는 말을 먹여 키우는 일을 맡아 보던 사복시司僕寺의 관원이다.

므로 그 물건들을 받지 않고 등정藤丁[87]만 받았다. 이수훈은 선비의 풍모가 있었는데, 바로 안수按首[88]라고 한다〔(按) '안按'은 아마도 '안案'의 오류인 것 같다〕〔(안수按首는 과거에서) 먼저 안按에 뽑히는 것이다〕.

영원성 남문 밖에는 동쪽에 온천이 있고 남쪽에 교장教場이 있었다. 남문 밖으로 나가 여아하女兒河를 지나 조장관역曹莊館驛에서 유숙했다.

7월 13일, 비
영원위 일대(조장역)

말의 꼬리털을 자른 것이 발각되었기 때문에 양마養馬와 이마理馬[89]를 각각 장 80대씩 쳤다.[90]

동관성東關城으로 가려고 했는데 비가 와서 유숙했다. 정오 무렵에 상사와 이야기하다가 오자강吳子强[91]〔(按) 오자강의 이름은 건健이다〕의 일을 언급했다. 상사가 "출사하지 않는 의리는 근래 없는 바이나 사람들은 대체로 일삼기를 좋아한다"라고 했다. 조장역의 담장이 비를 맞아 쓰러지고 양쪽 방에 모두 비가 샜다. 머무는 곳이 혹시라도 무너질까 걱정되어 상사께서는 바깥쪽 인가로 거처를 옮겼다. 허봉과 나는 나와서 갈 곳이 없었기에 단단히 자리 잡고 기다렸다. 문 앞 두 뜰의 앞뒤로 물이 가득 차 마치 큰 못과 같아서, 장난스럽게 "우리가 지금 동정호洞庭湖 악양루岳陽樓 위에 있으니, 종일 봐도 별달리 지겹지 않습니다"라고 했다. 문짝을 비어 있는 청사

<del>101</del>

---

90 허봉의 《조천기》 7월 12일 기사에는 이 대목과 관련해, '이마 임유담林有聃은 매우 사납고 우둔한 사람이어서 하룻밤 사이에 40필의 말 꼬리를 모두 베었다. 우리는 이 말을 듣고 화가 나 임유담을 앞에 잡아다 놓고 그 정상을 물었다. 그러나 임유담이 다 털어놓으려 하지 않으므로 양마 정혼鄭渾과 함께 곤장 80대를 치고 귀국해 임금께 이를 상달하기로 했다'는 내용이 있다.

91 오건吳健(1521~1574). 조선 중기의 문신. 본관은 함양咸陽, 자는 자강, 호는 덕계德溪. 이조와 병조의 좌랑 등을 역임했으나 조정에 직언을 싫어하고 사류士類들을 외면하는 경향이 있음을 알고는 관직을 버리고 낙향했다. 이후 조정의 부름을 여러 차례 거절하고 서사書史를 섭렵하면서 시작詩作과 강론으로 여생을 마쳤다.

⊙ 이징이 그린 〈동정추월洞庭秋月〉
동정호에 비치는 가을 달을 표현한
그림이다. 호남성湖南省 동북쪽에
있는 동정호는 중국에서 가장 큰 민물
호수인데 경치가 아름답기로 유명하다.
그림 속 보이는 누각이 악양루다.

에 깔고 비가 새지 않는 곳을 골라 자리를 옮겼는데 잠자리가 또한 달콤했
다. 수성관이 젖은 땔감을 지급하고 말먹이 값을 내주며 또한 인정人情을
요구했다. 너무나 비루한 늙은이였다. 어쩔 수 없이 부채 열 개를 주고 땔
나무 세 묶음과 바꾸었다.

7월 14일, 아침에 비가 많이 내렸고 오후에 개었다가 흐려짐
영원위 일대(조장역)

상사가 사하沙河로 가려다가 서장관의 말 때문에 그만두었다. 성문은 지
대가 높은데도 물이 오히려 무릎까지 잠겼다. 사람을 시켜 나가서 살펴보

게 하니 동쪽으로 가는 길이 끊겼다. 그러나 상사는 협소한 거처를 싫어해 세 번이나 송대춘을 시켜 서장관에게 함께 출발하자고 요구했다. 서장관 이 "표문을 버리고 먼저 가다가 만일 비가 심하게 내리면 장차 어떻게 하시겠습니까. 내일 맑아지길 기다렸다가 출발해도 늦지 않을 것입니다"라고 하자 결국 행차를 멈췄다.

저녁에 중문中門을 나서서 인가들을 둘러보았다. 성이 제대로 정비되지 않아 곳곳이 무너져 있었다. 성안에는 10여 가구가 있었는데 집 위를 흙으로 평평하게 깔아 놓았고(해토海土는 비가 새지 않는다고 한다) 담장은 갈수록 손상되어 때로 무너지는 소리가 들렸다. 관소 옆에 절이 있었는데 수역관이 삭일朔日과 망일望日92에 분향을 올리고 머리를 조아리며 복을 빈다고 한다. 소위 관원이란 자가 이와 같으니 어리석은 백성들은 더 말해 무엇하랴! 예전에 성이 함락되었을 때 살육당한 일을 들었는데 너무 마음이 아팠다. 노옥천盧玉泉의 선한 마음과 이양중李養中93의 충심에 대해 들었다.

7월 15일, 맑음
광녕위 일대(대사하소성 → 사하포 → 동관성)

아침에 상사를 뵙고자 사람을 시켜 나를 짊어지고 가게 했는데, 짊어진 노비가 힘이 약해 내리려고 할 때 엎어졌다. 더러운 도랑에 빠져 물이 소매와 신발에 가득 찼다.

---

92 삭일은 매달 음력 초하룻날, 망일은 보름날이다.
93 생몰년 미상. 고려 말의 문신. 본관은 광주廣州, 자는 자정子精, 호는 석탄石灘. 고려수절신高麗守節臣의 한 사람으로서 조선 개국 후 벼슬을 하지 않고 은거했다.

대사하소성大沙河所城, 염전을 지나 사하포沙河鋪의 서쪽 강변에서 쉬었다. 기운이 평안하지 않아 먼저 출발했다.

곡척포曲尺鋪를 지났다. 곡척포 북변에는 또한 흑장구포黑壯口鋪가 있다고 한다.

동관성東關城에 도착했다. 동관성의 수보관 석대용石大用이 하정을 보냈다. 성 북쪽에 탑이 있는데, 전해지는 말로는 당 태종이 요동을 정벌할 때 만들었다고 한다.

도찰아문에 나 혼자 도착해 백원개白元凱로 하여금 역관에게 알리도록 하니, 문을 여는 것을 기꺼워하지 않았다. 어떤 사람이 와서 내 관직이 몇 품인지 물었다. 내가 7품이라고만 대답하니, 그 사람이 이내 좋지 않다면서 떠났다. 우습다. 관역館驛에서 자려고 했으나 누추하고 눅눅한 게 싫어 인가로 내려갔다가, 상사가 도착해 문이 열리자 바로 돌아와 허봉의 처소에서 함께 잤다.

저녁 때 압마관이 장을 맞는 것을 보았지만 구해 줄 수 없었다. 상사는 말 꼬리털이 잘렸기 때문에 결코 압마관을 봐 줄 수가 없다고 했고, 또 다른 죄를 물어서 각각 장 스무 대를 쳤다. 압마관은 모두 수레에 있었기 때문에 말을 돌볼 틈이 없었다. 그러나 상사는 너무 화가 나 형벌을 가했고 내가 뭐라고 해도 듣지 않을 기색이었으므로 감히 입을 열 수가 없었다. 두 노비가 모두 상전이 병이 있기 때문에 대신 벌을 받을 것을 간청했지만 허락하지 않았기에, 이내 통사로 하여금 술을 사서 위로하게 했다. 다른 날 상사가 나에게, "그대와 압마관 정씨는 친밀한 사이라고 했는데, 무슨 이유로 구해 주지 않았는가?"라고 물었다. 나는 평소 내 말을 들어주지 않을 것을 알았기 때문에 말하지 않았다.

7월 16일, 흐림
광녕위 일대(육주하 → 중후소성 → 사하역)

동관성에서 육주하六州河를 건넜다. 물이 가슴까지 차올랐다. 야불수의 말을 타고 신발을 벗고서 건넌 뒤 강변에서 쉬었다. 요동 대인 소국부가 뒤따라와서 수수 줄기로 만든 뗏목으로 강을 건넜다. 먼저 전둔前屯으로 가다가 백원개를 만났는데 수레를 재촉하겠다고 이야기했다. 사람을 보내 감사를 전했다.

중후소성中後所城을 거쳐 사하관역에서 유숙했다. 병인년(1566) 10월에 달적이 성을 함락시킨 뒤 죽은 사람이 1000명, 끌려간 사람이 1000명, 도망간 사람이 2000명이었다. 수보관은 성을 버리고 달아나 죽음을 면할 수 있었지만 나중에 발각되어 충군充軍되었다. 당시 성의 어린 아이들 중 강변으로 도망가다 죽은 이가 거의 100여 명에 이르렀다. 달적은 아이들을 보면 거의 모두 성 위에서 해자로 떨어트렸다. 적이 물러간 뒤에 도망간 사람들이 돌아왔는데, 늙은이들이 놀란 가슴을 진정시키는 모습과 아비를 찾으며 우는 아이들의 모습은 극히 참혹했다고 한다. 내가 밤에 뜰에서 야불수에게 "어떤 사람이 백호百戶[94]가 되는가?"라고 물었더니, "달적의

94 명대 위소제衛所制에서 100인을 관리하는 무관.

머리를 하나 얻으면 바로 백호가 됩니다. 저는 달적의 변란 이후, 다른 사람과 공모해 달적을 죽여 공을 세우고자 했습니다. 그러던 중 들판에 달적하나가 배 앞쪽으로 땔나무를 들고 있었습니다. 화살이 한 발밖에 없어서, 쏴서 맞히지 못하고 검으로 죽였는데, 피가 제 얼굴로 솟구쳐 현기증이 나쓰러졌습니다. 이윽고 깨어나자 동료가 그 머리를 가지고 돌아가려 하고 있었습니다. 저는 그에게 '가지고 갈 때 만일 다른 사람이 본다면 반드시뺏길 것이니, 바지에 숨기는 게 낫다'고 한 뒤 옷에 피를 바르고 말 위에서신음 소리를 내며 거짓으로 창상創傷을 입은 것처럼 하니, 다른 이들이 감히 간여하지 않았습니다. 마침내 돌아가서 장군에게 바치고, 두 사람이 함께 한 명의 목을 베었기 때문에 은 40냥을 나눠 받았습니다"라고 했다. 이곳 사람 대다수가 공을 세우려고 한다. 일례로 중국인을 죽이고서 달인達人이라고 하여서 상을 받은 경우도 있다. 홍순언이 말하길, "을묘년(1555)남정南征의 변變[95] 때 어떤 관원의 아들이 냇가에서 쉬고 있었는데, 한 경군京軍이 그를 죽이고 왜인의 머리라고 꾸미서 원수元帥에게 바친 일이 있었는데, 이 일과 다르지 않다"라고 했다. 내가 탄식하며 말했다. "머리를베어 오면 상을 주는 폐해가 도리어 동족을 죽이게 만드는 데까지 이르렀으니, 오호라 통재라! 오호라 통재로다!"

95 조선 정부가 왜인들과의 무역량을 제한하자, 이에 불만을 품고 1555년 전라남도 해남군 달량포達梁浦에 왜구가 쳐들어 온 사건.

7월 17일, 비
광녕위 일대(구아하포 → 전둔위 → 고령성)

구아하포狗兒河鋪를 지나 강을 건너 전둔위성 남쪽의 인가에서 쉬었다. 전둔위前屯衛는 성이 매우 견고했다.

성의 서쪽에 충장忠壯 양조楊照의 묘가 있어서 지나가면서 보았다. 양 충장의 묘는 담으로 둘러싸여 있고 남쪽에 문이 세 개가 있었다. 묘 앞에는 대여섯 기의 비碑가 있었는데 황상께서 주신 고명誥命과 관리를 보내 제사를 지내게 한 글이 모두 기록되어 있었다. 담의 서쪽에는 신도비神道碑가 있었다. 양 충장의 이름은 조照로, 가정 연간에 광녕 총병이 되었는데 장벽을 신축해 변방을 공고히 했다. 용맹한 데다 지략도 있으니 적이 심히 그를 두려워해 감히 변방을 침범하지 못했다. 계해년(1563) 8월 28일에 몸소 사졸들보다 앞장서서 싸우다가 적중에서 죽었다. 적들이 그의 죽음을 듣고 자신들을 속인다고 생각해서 직접 수급을 보고도 믿지 않았다. 다만 사람됨이 미녀를 너무 좋아해, 금 800냥으로 첩을 샀는데 얼마 되지 않아 죽었다. 역을 지나는 사람이 시를 지어 다음과 같이 벽에 써 놓았다.

散盡千金買家母 천금을 모두 풀어 가모를 샀네

靑春行樂在誰邊 청춘의 즐거움은 어느 곳에 있나?

英雄殺氣成風雨 영웅의 살기는 비바람을 만들고

半夜窓前啼杜鵑 한밤에 창 밖에서 두견새만 우는구나

오호라! 공보共甫가 말한 병폐가 있어서 제갈諸葛을 본받지 못한다는 것이구나![96]

석자하石子河를 건너서 고령성高嶺城의 남쪽에서 유숙했다. 필畢씨[97] 집에서 숙박했다. 필씨에게는 손자가 하나 있었는데 글을 잘 읽고 대구對句를 잘 풀이했다. 내가 기뻐하며 권면하자 필씨도 흡족해 하며 사례했다. 저녁이 되니 방값을 받고자 우리의 종인이 옷을 훔쳤다고 거짓말을 하며 밤이 새도록 화를 내고 욕을 했다.

7월 18일, 아침에 흐리다가 오후에 갬

광녕위 일대(중전소성 → 노둔구하) → 산해관

손학孫鶴 등이 또 소곤小棍[98]을 맞았다. 주인이 제멋대로 함부로 굴었기 때문에 식사 준비가 늦은 것을 이유로 손학 등에게 장을 쳤다. 통사가 주인에게 "저들은 너의 허물 때문에 장을 맞았다"라고 하니 주인이 비로소 후회했다고 한다.

수레를 남겨 두고 먼저 갔다. 중전소성中前所城을 지나 노둔구하老屯口河에 이르렀는데, 물이 어깨까지 잠겨 부채 스무 자루로 사람을 사서 가마를 지고 건너게 했다.

진원포鎭遠鋪와 팔리포八里鋪를 지났다. 팔리포 남쪽에 큰 바위가 있었는데 그 위에 입석立石이 있었다. 망부석이라고 전해지고 있었다.

---

96 공보는 주자의 친우인 유공劉珙을 말한다. 《회암집晦庵集》 별집 〈유공보劉共甫〉에는, 하늘의 도리는 음란한 자에게 벌을 내린다며 조조를 그 예로 들었다. 여기에서는 조조가 미인을 탐해 적벽대전에서 패배한 일과 추녀를 아내로 얻은 제갈량을 비교하고 있다.

97 허봉의 《조천기》에는 필세제畢世濟로 기록되어 있음.

98 죄인의 볼기를 치던 곤장의 일종.

⊙ 〈요계관방지도〉중 고령역과 산해관 일대
산해관이라는 지명은 산과 바다 사이에 있는 관關이라는 뜻이다.

산해관성山海關城의 동쪽 오吳씨의 집에서 쉬었다.

해질녘에 산해관에 들어갔다. 관문關門은 낮에도 항상 열려 있지 않았고 아침과 저녁에만 열고 닫았다. 병부주사兵部主事가 관복을 갖추고 문 안쪽에 자리한 뒤에 문을 연다. 해자는 깊고 험했으며, 성가퀴(城堞)[99]는 매우

---

99 성 위에 낮게 쌓은 담.

높고 또한 견고했다. 몽염蒙恬[100]이 축성한 장성長城은 서쪽에서 시작해 동쪽으로는 고령 북쪽까지 연결되어 있고, 그곳에서 다시 동쪽으로 흙담을 요遼 지역에까지 이었다. 명나라의 좌명대장佐命大將 서달徐達[101]이 유림성楡林城[102]을 없애고 이곳에 관關을 쌓았는데, 북으로는 장성에 접하고 남으로는 바다에까지 이르렀다. 상사께서 먼저 배하니 주사가 배로 답했고, 서장관과 내 배에 대해서는 다만 읍으로 답했을 뿐이다. 주사의 이름은 배사裵賜다.

서문을 나와서 조악趙鶚의 집에서 유숙했다. 주사가 하정을 보냈다.

7월 19일, 맑음
산해관

망해정望海亭에 이르러 바다를 보았다. 어제 저녁 송대춘이 명승지를 보고 싶다는 뜻을 주사에게 말하니 주사가 즉시 주방 일꾼으로 하여금 미리 술과 안주를 준비하게 했고, 오늘 오후 접대 담당관 하방언何邦彦으로 하여금 우리 일행을 데리고 함께 가게 했다. 지나가면서 성루와 군용 무기를 보니 정연하게 완비하지 않은 것이 없었다. 스무 걸음 내에 각각 성을 지키기 위한 작은 건물을 두어 수졸守卒로 하여금 처자를 거느리고 와서 살게 했다. 성가퀴에는 모두 순번을 써 놓았고 자호 아래에는 변고를 당했을 때 그곳을 수비할 사람의 이름을 붉은 글씨로 써 놓았다. 성가퀴 아래에는

---

100 만리장성을 수축한 중국 진나라의 장군. 시황제의 명으로 흉노족을 토벌한 후 이들의 침략을 막기 위해 기존의 성벽을 보수·연결하여 장성을 쌓았다.
101 1332~1385. 주원장을 도와 명을 건국한 개국공신으로, 특히 북경 공략 및 몽고군과의 전투에서 혁혁한 공을 세웠다.
102 유관楡關의 별칭으로 무령현 중부 지역에 위치한다. 산해관이 만들어지기 이전에 장성의 관문 역할을 했기 때문에 산해관을 유관楡關으로 부르기도 한다.

돌덩이를 많이 모아 두었으며 사이에는 횟대를 세워 두고 연대와 돈대를 잇달아 놓았으니, 공고한 방비는 비할 데가 없었다. 다만 성가퀴가 너무 높아서 머리를 가리기 때문에 사이에서 적을 바라볼 수가 없었다. 적의 화살을 피하려고 더욱 높였다고 한다.

처음에는 두터운 안개가 바다에 가득 차 있었는데 정자에 도착한 뒤에 점차 개었다. 눈에 힘을 주어 동남쪽을 바라보니, 아득해서 하늘과 바다를 구분할 수 없었다. 북쪽으로 높은 성을 바라보니 험준한 산을 따라 구불구불하게 펼쳐져서 구름 낀 하늘에 맞닿아 있었다. 실로 장관이었다. 등주登州, 내주萊州는 서남쪽에 있는데 맑은 날에는 아득히 보인다고 한다. 성보城堡는 바다에 이르러서 끝났는데 정자는 성이 끝나는 지점에 있었다. 바닷물이 심하게 짜지는 않아서 겨울에 혹 얼기도 했다. 이 때문에 ○○년에는 적이 성을 넘을 수 없자 장차 언 바다를 통해 들어오려고 했는데 얼음이 홀연히 녹아 적이 결국 물러났다. 황제가 감동하여 사람을 보내 해신에게 제사하고 이내 사당을 세워서 향사享祀했으며 돌을 세워 그것을 기록했다.

하방언이 인도하여 정자에 이르렀다. 읍으로 사양한 후 자리에 나아갔다. 모두 남향을 했는데 상사는 가운데에, 서장관은 상사의 왼쪽에, 나는 오른쪽에 자리했다. 하방언은 선전관宣傳官과 북향을 하고 같은 탁자를 썼다. 조금 뒤에 주방 일꾼이 여러 음식을 연이어 차려 놓았는데, 요동과 견주어 더욱 성대했다. 잔이 하방언에게 이르자 친히 와서 따라 주기에 의자에서 내려와 읍했다. 나도 하방언에게 술을 따라 주니 읍하고 마셨다. 일

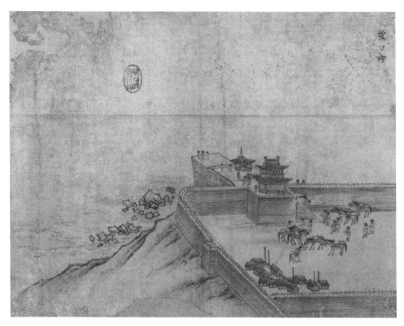

⊙ 〈연행도燕行圖〉중 망해정
망해정은 산해관 남쪽에 위치한 정자로 대표적인 명승지 가운데 하나다.
숭실대학교 한국기독교박물관 소장.

곱 잔이 이미 다하자 서장관과 나는 사람을 시켜서 술자리를 끝내려고 했으나 상사가 못마땅하게 여겨서 결국 구작九爵을 다하고 파했다. 이는 전에 없던 일이어서, 관인關人 모두 괴이하게 여겼다. 대저 주사 배사 공께서 우리가 예의의 나라 사람이라며 위로해 주는 마음과 손님을 위하는 예를 극진히 보인 것이다. 처음에 주사가 주연을 준비하라고 명을 내렸을 때 바로 사람을 시켜 사양했어야 했는데 내가 감히 아뢸 것은 아니라는 생각에 잊고서 소홀히 여기고 살피지 못했으니 안타깝다.

교장敎場을 거쳐 돌아왔다. 남문으로 들어가 성 서쪽으로 돌아왔다. 송
대춘을 보내 주사에게 사례했다. 뒤쳐졌던 수레가 모두 도착했다. 하방언
이 상사에게 책을 바치니 상사가 그것을 받았다.

7월 20일, 흐림

영평부(홍화점 → 범가점 → 심하역성)

주사에게 예단을 보냈는데, 주사는 벼루와 쌀만 받고서 말하기를, "예단
을 받기가 미안하나 감히 모두 돌려보낼 수는 없으니, 그 두터운 정을 감
사히 받아 쌀로는 어머님을 봉양하고 벼루는 문방구로 쓰겠습니다"라고
하고는 나머지는 모두 돌려보냈다. 참장은 예단을 모두 받았다.

오후에 석천石川을 건너 홍화점紅花店, 반산포半山鋪, 해양폐성海洋廢城,
범가점范家店, 천비묘를 거쳐 향약소鄕約所를 지나갔다. 향약소에는 약정約
正, 부정副正, 공직公直[103]이 있는데 매월 초하루와 보름에 함께 모여 두 개
의 장부에 사람들의 선행과 악행을 적는다. 작년부터 시행했다고 한다. 작
년 가을에 순안어사가 여씨향약呂氏鄕約[104]을 준행하도록 했다. 매월 초하
루 아침에 고을이 소속된 무령현에 가서 함께 모여 독법讀法[105]을 하고 위
반한 자에게는 벌을 주었다.

심하역성深河驛城 안에서 묵었다. 숙소 주인인 원탁袁鐸은 비록 만학이
지만 좋은 자질을 가지고 있었다.

---

103 향약 운영의 책임자를 약정 혹은 도약정都約正이라고 하다. 부약정副約正(또는 부정副正)은 약정을 보좌하
며, 실무적인 일은 직월直月이 처리한다.
104 중국 송나라 때 실시한 향촌 자치 규약. 덕업상권, 과실상규, 예속상교, 환난상휼 따위를 강령으로 하였으
며 조선 후기에 실시된 향약의 모체가 되었다.
105 고대 중국의 주나라에서 매년 정월에 세시歲時에 따른 절일節日이나 길일을 선택해 사람들을 모아 놓고
중앙에서 만들어진 법령을 읽어 주던 제도.

7월 21일, 오후에 잠시 비가 내림

영평부(유관 → 총병촌 → 무령현)

어제 저녁 상사가 원탁의 집을 둘러보니 모두 단층집이라 문밖에서 묵었다. 허봉과 나는 부득이하게 안에서 묵었다. 아침에 원탁이 나를 만나러 왔기에 부지런히 독서할 것과 효성스럽게 부모님을 섬길 것을 권했고, 붓을 주어 장려했다. 원탁이 말하기를 "대인의 행동에는 예의의 기풍이 있으나, 우리 중국에는 도리어 오랑캐의 습속이 있사오니 어떻게 그 덕에 보답하겠습니까?" 하고는 곧바로 수박을 가져다주었다. 원탁의 자는 성화聖化다.

심하역 북문으로 나가는데, 문이 좁았다.

유관을 지났다. 유관은 예로부터 중화와 오랑캐를 경계 지은 큰 관문이었으나 명나라 초에 대장군 서달이 산해관으로 옮기고 아울러 이전 관문의 석재도 함께 옮겨가서 유관에는 성의 흔적이 전혀 남지 않았다.

총병촌撫兵村을 거쳐 무령현에 이르러 성 남쪽의 이우현李遇賢의 집에서 묵었다. 정응시가 뒤쳐져서 점심밥을 덜어 놓고 기다렸지만 길이 진창이 되어 수레가 지체되었기 때문에 도착하지 않았다. 이우현의 집 정원 뒤쪽은 넓고 탁 트여 있어 며칠 동안 있을 만했다. 서장관과 함께 나무 그늘 아래 앉아 있다가 이전의 사행이 이곳에 묵었을 때, 우禹 군관軍官이라는 자가 이우현의 며느리를 희롱했다는 말을 들었다. 그 며느리가 시부모에게, "이번에 온 관리들은 나에게 매우 잘해 주니 제대로 보답하지 않을 수 없습니다"라고 알리고는 음식을 많이 차려 위로해 주었다.

7월 22일, 맑음.

영평부(노봉구역 → 쌍망포성 → 영평부성)

성의 서쪽에서 양하陽河를 건너 노봉구역蘆峯口驛과 배음포背陰鋪를 지나
쌍망포성雙望鋪城 안 주문상朱文尙의 집에서 쉬었다. 주문상은 어리석은 상
인이지만 듣자 하니 향약의 부정이라서 매월 초하루와 보름에 서로 모여
사람들에게 악행을 주의시킨다고 한다. 그 아들은 독서에 능했다.

곽가포郭家鋪의 석조石槽[106]와 호석虎石을 지났다. 석조는 당나라의 장과
張果가 당나귀에게 먹이를 주던 그릇이다. 호석은 이광李廣[107]이 우북평右北

⊙ 김홍도가 그린 〈군선도群仙圖〉
그림 속 흰 당나귀를 거꾸로 탄 이가
중국 팔선八仙 중의 한 명인
장과로張果老다.
삼성미술관 리움 소장.

115

---

106 큰 돌을 파서 물을 부어 쓰도록 만든 돌 그릇.
107 중국 전한의 장군. 문제 · 경제 · 무제의 삼대에 걸쳐 활동했으며 흉노와 싸워 여러 번 전공을 세웠다.

平 태수太守였을 때, 취해서 돌아오다가 이 바위를 보고서는 호랑인 줄 알고 화살을 바위에 쐈는데, 아침에 바위를 보니 바위에 화살이 절반이나 들어가 박혀 있었다고 한다.

영평부永平府[108] 성 남문의 주대보朱大寶의 집에서 묵었다. 영평부는 한나라 때의 우북평으로 성이 험준하고 해자가 깊었다. 주대보는 관직에 나아가지 않은 선비이다. 경회景晦라는 아들이 있는데 본국 사신인 김계金啓[109]가 지어 준 이름이다. 김계가 죽었다는 소식을 듣고서 개탄했으니 그 뜻이 매우 정성스러웠다. 주인집에서 술과 안주를 차려서 대접하려고 했는데, 상사가 비용을 아끼고자 내일 시행하도록 했기에 그중 이미 익힌 음식은 모두 하인들이 먹었다.

7월 23일, 맑음
영평부(영평부성)

길이 진창이 되었기 때문에 수레가 지체되어 주대보의 집에 계속 머물렀다. 주방교朱邦敎가 만나러 왔다. 주방교는 주대보의 친척이다. 그를 의義로써 시험해 보고 그가 전에 지은 의리에 관한 글을 보았다. 나이가 이제막 열아홉이 되었는데,《논어》와《서전書傳》[110]을 익숙하게 암송했다. 가히 학문을 크게 이룰 만한 사람이다.

주경회朱景晦가 부총관병府摠兵官 척계광戚繼光[111]이 지은 글 세 부를 가지

108 하북성 장성 이남, 두하灤河 동쪽 일대. 1371년(명 홍무4)에 평율부平灤府를 영평부로 개편했다.

109 1528~1574. 조선 중기의 문신. 본관은 부안扶安, 자는 회숙晦叔, 호는 운강雲. 중국어에 능통하여 중국에 여러 차례 다녀왔으며, 문무를 겸비한 인물로 평가받는다. 부안의 도동서원道東書院에 제향되었다.

110 중국 송나라 때 주희의 제자 채침蔡沈이《서경》에 주해를 달아 펴낸 책.

111 1528~1587. 명나라 후기 만리장성의 수비를 담당한 장군으로 왜구와 몽골과의 싸움에서 무공을 떨쳤으며,《기효신서紀效新書》의 저자로 널리 알려져 있다.

112 중국에서는 전통적으로 주요 자연물에 제사를 지내 왔다. 이들 자연물들은 황제가 직접 제사하는 오악五

고 와 보여 주었는데, 출사出師할 때 해악海岳, 황둑隍纛[112] 등의 신에게 제사를 지낸 제문, 전장에서 죽은 장사將士와 일찍이 그의 휘하에 들어 공을 세운 사람들을 기리는 제문 그리고 그의 군대가 어려움에 처해서 슬기롭게 대처한 일들을 기록한 내용이었다. 충성하는 마음이 매우 독실했고 문자는 아름다움까지 겸비했으니 진실로 보기 드문 명장이다. 척계광은 산동 등주 출신으로 계주薊州[113] 사람들이 말하길, "척 공께서 일찍이 남쪽 변방의 장수로 부임했는데 때마침 왜구가 쳐들어왔다. 왜구와 전투를 벌일 때 척 공의 아들이 편장偏將[114]으로서 군율을 어기자 공께서 의리에 따라 아들을 참하고 마침내 적에 승리했으니 악비岳飛[115] 공과 더불어 다름이 없다. 지금은 북방을 방어하는 데 좋은 계책으로 잘 지키고 급변이 있으면 반드시 구원하니 오랑캐가 감히 범접하지 못한다"라고 했다.

7월 24일, 맑음

영평부(고죽구성 → 여하역 → 칠가령성)

아침에 중국 책들을 보다가 육선공陸宣公[116]의 《어사안리지규御史按吏之規》[117]를 손에 넣었다. 책을 파는 이가 있었지만 돈이 없어 사지 못하고 다만 위의 책만 골랐다(按) 위의 16조항은 상소 말미 부분에서 보인다).

주인에게 작별 인사를 한 뒤 배를 타고 삼난하三灤河를 건넜다. 삼난하에는 세 지류가 있다. 강변에 기둥을 세워서 두 사람의 머리를 걸어 놓았

　　　嶽, 사진四鎭, 사해四海, 사독四瀆과 더불어 명산대천 등도 포함되었다.

113　동쪽으로 옥전, 서쪽으로 삼하와 접해 있던 명나라 때의 행정구역.

114　대장 아래 딸린 부하 장수.

115　1103~1141. 남송 초기의 무장이자 학자이며 서예가. 북송이 멸망할 무렵 의용군에 참전하여 활약했으나 재상 진회秦檜에 의해 살해되었다. 1204년 왕으로 추존되어 악왕鄂王이 되었으며, 이후 한족의 영웅으로 추앙받고 있다.

116　이름은 육지陸贄(754~805), 당나라 때의 관료이자 학자로서 《육선공주의陸宣公奏議》를 지었다.

다. 강도짓을 했던 자들이라고 한다. 중국 조정에서는 주현州縣의 사람 중에 죽을죄를 지은 사람이 있으면 주현 자체에서 참형에 처할 수 있도록 하기 때문에 그런 것이다.

고죽구성孤竹舊城을 지났다. 고죽성孤竹城[118]에는 비碑가 있고 아울러 북쪽에는 백이伯夷와 숙제叔齊의 묘廟가 있었는데 갈 길이 바빠서 가 볼 수 없었다.

석음포石音鋪를 지나 여하역女河驛 동쪽 흰 버드나무 아래서 쉬었다. 나무들이 매우 정갈히 심어져 있었다.

사와포沙窩鋪를 지나다가 공마貢馬 한 필이 길가에 병들어 죽어 있는 것을 보았는데, 머리가 동쪽을 향해 있었다. 우리나라 말의 성질이 그러하다. 오호라! 사람으로서 신하와 자식이 되어서도 그 임금과 아버지를 무시하는 자가 만약 이 말을 본다면 어찌 부끄럽지 않겠는가.

칠가령성七家嶺城 안에 있는 유구이劉九彝의 집에서 쉬었다. 가세가 매우 부유했다. 비록 상인이었지만 집의 깊숙한 곳을 문으로 막고 내외를 엄히 나눈 것이 마치 사대부 가문과 같았다. 그러나 그 집 아이가 경미한 이질에라도 걸리면 번번이 무당을 불러 지전紙錢을 벌려 놓고서 신에게 기도를 했다. 요동과 요서 지방의 풍속이 대개 이와 같았다.

---

117 어사가 하리를 다스리는 법규를 정리해 놓은 법령집.
118 상, 주나라 때 고죽국이 있던 곳으로 하북성 노용현盧龍縣 남쪽 일대에 있다.
119 《주례》, 《예기》와 더불어 '삼례三禮'로 꼽히며, 주나라의 종교 · 정치 · 사회적 의례에 관한 내용이 수록되어 있다.

7월 25일, 맑음
영평부(칠가령성)

수레가 뒤쳐져서 기다리고 있는데 오후가 되서야 도착했다. 상사가 정형복鄭享復에게 약을 주었다. 병을 앓고 있을 때 장을 맞아 상태가 심각해질까 염려해서였다.

《의례경전儀禮經傳》[119]을 벼루와 바꾸었고,《춘추집전春秋集傳》은 갈모 한 개와 백선白扇[120] 열 자루로 샀다.

처음으로《계주집桂洲集》을 보았다.《계주집》은 가정 연간 각로閣老[121] 하언夏言[122]의 문집이다. 잠시 표문과 상소를 보고는 명나라에선 유신儒臣을 예로써 대우한다는 사실을 알게 되었다. 무릇 교묘郊廟[123]에 제사가 있으면, 예를 들어 사祀와 천신薦新[124] 등을 지낼 때 으레 술과 제사 고기를 대신들에게 나눠 주며 심지어 남은 국과 채소까지 나눠 주지 않는 경우가 없었다. 하언 역시 받을 때마다 표문을 올려 감사를 표했으니, 예의가 양쪽 모두 지극했다. 그러나 가정제가 결국 엄숭嚴崇[125]의 참소를 듣고 하언을 죽였으니, 오호라! 하언은 기왕에 관직에서 용퇴했으면서 다시 상서尙書에 임명한다는 명령을 따른 것은 어째서인가! 운명인가!

---

120 그림이나 글씨를 쓰기 위해 흰 종이에 아무것도 덧칠하지 않는 부채.
121 명나라 때 재상宰相을 일컫는 말.
122 1482~1548. 중국 명나라 중기의 문신. 자는 공근公瑾. 예부상서禮部尙書, 내각수보內閣首輔 등을 역임했다.
123 천지天地에 대한 제사인 교사郊祀 혹은 선조에 대한 제사인 묘제廟祭를 일컫는 말.
124 새로 나는 물건을 먼저 신위神位에 올리는 일.
125 1480~1567. 중국 명나라 중기의 문신. 자는 유중惟中. 예부상서, 내각수보 등을 역임했으며 전권을 행사하다 처형된 인물로서《명사明史》〈간신열전奸臣列傳〉에 수록되어 있다.

7월 26일, 맑음

영평부(신점 → 진자점) → 순천부(풍윤성 → 의풍역)

유구이가 종이를 요구했지만 줄 수 없었다. 그 집에 여든이 된 부모가 있는 것을 보고 효도로 봉양하라고 권하니 재차 수긍했다. 또한 자식에게 학문을 가르쳐 무궁한 효를 행하게 하도록 권면했는데, 명수命數[126]대로 살다가 돌아가시게 하는 것은 모든 사람이 다 할 수 없는 것이라고 했다.

마표馬票[127]를 꺼내서 출발했다. 압마관이 갈모 한 개와 부채 열 자루를 수역관에게 주었지만 여전히 적다고 여겼다.

신점성新店城, 장가점章家店, 망우교蟒牛橋를 지나 진자점榛子店[128]에서 휴식을 취했다. 이씨 집 후원 나무 아래서 쉬었다. 이전에 쉬거나 유숙한 곳에서는 부채를 더 요구하지 않은 적이 없었는데, 이씨는 부채 두 자루를 받고는 계속해서 고마워했다. 집이 길가에 있지 않기 때문에 이와 같은 것이다. 이씨에게는 조카가 있었는데, 겨우 《맹자》를 배웠지만 글의 뜻을 깨치지는 못했다. 그러나 그 스승 된 자는 도리어 달마다 은 한 전錢을 받는다고 한다.

다시 낭와포狼窩鋪, 철성포鐵城鋪, 감포坎鋪, 판교포板橋鋪 등을 지나 풍윤성豐潤城 남쪽 의풍역義豐驛에서 유숙했다. 의풍역을 만든 지가 몇 년이 되었는데도 아직 구들을 설치하지 않아 사신 일행이 머물 수 없었다. 그런데도 앞에다가 몇 기의 비석을 세워 역을 만든 관원의 공을 칭송하고 있었으니, 명나라에서 명예를 좋아하는 폐단이 극심했다. 숙소는 역 근처 고오顧

120

---

126 운명과 재수를 함께 일컫는 말.
127 역驛에서 말을 지급받기 위한 증빙표.
128 하북성 율현 서북부 일대에 위치한다. 영평부에 소속되어 있으며 순천부의 경계와도 가깝고, 주변에 진자진이 있었던 것으로 추정된다.

赦의 집이었다. 저녁에 허봉과 함께 문루에 올라갔다가 동네 불한당에게
욕을 먹었다.

7월 27일, 맑음
순천부(고려포 → 사류하포 → 옥전현성 → 양번역)

출발하려고 할 때 허봉과 함께 우스갯소리를 했다. '군자는 쉽게 남의 말
을 하지 않아야 하니 귀는 담에도 붙어 있기 때문이다(君子無易由言 耳屬于垣
之戒)'[129]라는 계율을 내가 일찍부터 되새기지 않은 것은 아니지만 실수는
항상 여기에 있으니 모름지기 잘 기억해야 하겠다.

성의 서쪽에서 배를 타고 환향하還鄕河를 건넜다. 환향하는 당 태종이
회군할 때 내린 명령 때문에 생긴 이름이라고 한다.

고려포高麗鋪, 임성포林城鋪 등을 거쳐 사류하포沙流河鋪에서 휴식했다. 사
류하포의 관역館驛에 있는 당堂의 편액에 '차지且止' 두 글자가 있었다. 정웅
시에게 점심을 나누어 주었다. 수레의 행렬이 어그러지는 일이 매일 반복되
어, 정웅시가 수레에 있으면서 여러 끼니를 굶게 될까 염려해서였다.

양가점梁家店, 염가점閻家店과 양옹백陽雍伯의 비碑를 지났다. 옹백은 본
래 하남河南 사람이다. 한나라 광무제(建武) 때 우북평으로 피난을 가다가
이곳을 지나게 되었는데, 관인에게 아름다운 딸이 있는 것을 보고 그녀와
결혼하려고 했다. 그 아비가, "옥玉을 심어서 살릴 수 있는 사람이라야 내

---

129 《시경》〈소반小弁〉에 수록되어 있는 구절.

⊙ 〈요계관방지도〉중
순천부 일대
동쪽부터 풍운성,
고려포, 사류하, 양가점,
옥전현이다.

딸을 시집보낼 수 있다"라고 하자, 바로 쪽 밭(藍田)으로 가서 옥을 구해 가지고 와서 심고는 결국 그 딸과 결혼했다. 이 때문에 지역의 이름을 옥전玉田으로 했다고 한다. 관직은 태수에 이르렀다.

옥전현성玉田縣城 남쪽 양번역陽樊驛에서 유숙했다.

7월 28일, 맑음

순천부(채정교 → 고수포 → 어양역)

양번에서 성을 따라 서쪽으로 가서 채정교彩亭橋, 고수포枯樹鋪를 지났다. 채정교 근처에 승려가 있었는데 우리에게 차를 끓여 대접해 주었다. 보답으로 부채를 주었지만 받지 않았다. 이 지역의 사찰은 여염閭閻 사이 또는 평지에 있었다.

진무묘眞武廟[130]에서 휴식했다. 산세가 동쪽에서 서쪽으로 이어지다가 끝나는 곳에 진무묘가 위치하고 있었다. 이날 가장 더웠다. 문밖에 홰나무가 몇 그루 있었는데 상사가 먼저 이곳에 내렸다. 뒤에 있다가 후회했다.

이날 일산의 한쪽 다리를 부러트렸다. 마음을 놓고 있다가 노새가 달아났기 때문에 알게 되었다.

악산점樂山店, 운선사촌雲禪寺村을 지나 ○령嶺 북쪽을 넘어 삼하를 건넜다. 강 위의 배들은 큰 것도 있고 작은 것도 있었는데, 마치 화살촉을 무수히 세워 놓은 것 같았다. 거의 10리를 갔다.

계주의 남문 밖 어양역漁陽驛에서 유숙했다. 어양역에 달자가 와서 머물고 있었기 때문에 역 앞의 막위충莫違忠 집에서 유숙했는데 집이 매우 사치스러웠다. 별실 앞에는 여러 화초를 심어 놓았다. 이계진이 난초로 잘못 알고 두 동이를 사 가지고 가서 수레 위에 실었다. 때때로 돌보면서 수레에 신고서 갈 것이라고 했다. 내가 정주에서 벼슬을 했을 때 그가 여러 차례 역졸을 써서 난초를 지고 가게 하는 것을 보고 속으로 몰래 비웃었다. 집에 도착해 보면 진짜 난초가 아니었기 때문이다. 대개 진짜 난초는 잎을 꺾어 물에다 넣으면 바닥까지 잠긴다고 한다. 오호라! 가령 진짜 난초를 어떻게 먼 곳에서 가져갈 수 있겠는가!

130 중국에서 북방의 수호신인 현무를 모신 묘.

7월 29일, 맑음
순천부(어양역)

수레가 뒤쳐졌기 때문에 머물렀다. 상사가 배를 구해 뱃놀이를 하려고 했으나, 허봉이 말렸다. 낮에 허봉과 별실에서 독서를 했고, 저녁에는 문밖에 나갔다가 달자의 모습을 보았다. 달자는 해서海西[131]에서 와서 공물을 바치고 돌아가는 자였다. 머리를 땋아 좌우로 늘어트리기도 했고, 혹은 반은 머리를 깎고 반은 땋아서 뒤로 늘어트렸다.

주인에게 "밭 1경頃의 산출과 세금이 얼마 정도 됩니까?"라며 그 지방의 일을 물었다. 주인은 "수확이 좋은 해는 1경에 200담擔 정도를 거둘 수 있습니다"라고 했다. 담은 조선의 소석小石에 해당된다고 한다. 세금이 거의 예닐곱 냥에 이르는 데다가 노동력을 쓰는 일(丁徭), 말·소·나귀를 동원하는 일(馬牛驟役), 수레를 제공하는 일(車徭), 관사의 술값을 부담하는 일(酒錢) 등이 있어서 백성이 견디지 못하고 심지어 아이를 저당 잡히고 딸을 판다고 했다.

또 이런 대화를 나눴다.

"지부知府가 온 지 오래되었습니까?"

"겨우 한 달이 되어 갑니다."

"선정善政을 합니까?"

"지나치게 돈을 바라는데 어찌 선정을 하겠습니까?"

"부임한 지 오래되지 않았는데, 어떻게 바라는지를 압니까?"

---

131 만주에서 송화강 일대에 설치한 명의 해서위海西衛를 지칭. 이곳의 여진족을 해서여진이라 불렀다.

"이런 사람은 한 번만 손을 움직여도 돈을 요구하는지 바로 알 수 있습니다."

"어떻게 바로 알 수 있습니까?"

"돈을 바라는 관리는 겉으로는 자상한 기색을 드러내지만, 안으로는 토색질하려는 의사가 있으니 비록 꾸며서 감추려고 해도 어찌 그렇게 할 수 있겠습니까?"

"전에는 좋은 관리가 있었습니까?"

"전 지부는 술을 좋아하는 사람이었기 때문에 날마다 많이 취해 있었습니다. 만약 향리가 고할 것이 있거나 백성이 호소하는 일이 있으면 눈을 감고 머리를 젓기만 했으니, 무슨 일을 하는지 알 수 없었습니다. 결국 순안어사에게 탄핵을 받아 파직되어 귀향했습니다. 그 전에 있던 동지同知는 청렴하고 부지런하며 백성을 사랑하는 실상이 황제에게까지 알려졌습니다. 이후 발탁되어 조정에 돌아갈 때에 백성이 모두 사모하여 서로 모여 말머리에서 목 놓아 슬피 울었으며 심지어 노구와 병든 몸을 이끌고 100리 밖까지 전송하는 사람도 있었습니다. 백성들이 신발이라도 남기길 청하니 동지가 처음에는 사양하며 허락하지 않다가 매달리며 따르기를 그치지 않아 앞으로 나아갈 수 없자 신발 한 짝을 벗어서 주었다. 백성들은 돌아가서 성문 누각의 용마루에 걸어 놓고 모두 바라보며 그 관리를 그리워합니다"라고 했다.

그는 바로 승차인承差人〔우리나라 서리書吏와 비슷하다〕으로 현명함이 이와 같았다.

"전에도 이와 같은 관원이 있었습니까?"

"예전에 지부 왕명계王名桂는 하남 회경부懷慶府 사람으로, 성품이 매우 강직하여 의가 아닌 일은 하지 않았습니다. 왕홍汪洪은 휘주徽州 사람으로 민사民事에 매우 밝아서 일을 처리함이 물 흐르는 것 같았습니다. 마모馬貌는 대동부大同府 사람으로 태어난 곳은 오랑캐 지역과 가까웠으나 성품이 무척 총민聰敏하고 맡은 일을 부지런히 해 밤중에도 자지 않았습니다. 세 수령이 떠난 것은 모두 동지와 같이 조정에 발탁되었기 때문이나 백성들이 잊지 못하고 있습니다."

"지금의 통판通判[132]은 어떤 사람입니까?"

"바로 공자公子입니다."

"선정을 합니까?"

"공자가 어떻게 선정을 하겠습니까?"

"무엇을 공자라고 합니까?"

"우리 지역 사람들은 고관의 자제子弟로 민사에 밝지 못한 자를 가리켜 공자라고 합니다."

"기왕에 공자라면 아이였을 때부터 그 아비가 백성을 대하여 일을 처리하는 법을 익히 보아서 지식을 넓혔을 텐데 어찌하여 민사에 밝지 못하다고 합니까?"

"귀한 집 자제들은 호화롭게 자라고 학문에 열중하지 않아 어리석고 교만한 습관이 생기는데, 요행이 아비와 형제의 음서蔭敍[133]를 통해 곧 백성을 대하는 관리가 되면 후하게 대접받는 것이 당연한 줄만 알고 백성의 곤

132 중국의 지방 수령인 지부知府 아래에서 양곡 운반, 토지 관리, 소송 등을 담당하던 관리.
133 직계존속 중 고위 관료가 있을 경우 그 자제에 한해서 하급 관직을 과거 시험 없이 지급하는 일.

궁을 불쌍히 여길 줄 모릅니다. 그 때문에 백성이 모두 원망해 그들을 가리켜 공자라고 합니다. 지금 통판의 아버지는 지위가 상서에 이르나 집안의 법도가 없어 근검하는 일로 통솔하지 않고 다만 짐승을 기르는 일에만 전념할 뿐입니다. 그래서 아들도 한결같이 완악하고 게으르며 나이가 들어서도 아는 것이 없는데 갑자기 수령이 되었으니 백성의 비웃음을 받습니다."

오호라, 세록世祿[134]의 가문은 양성하지 않을 수 없으나 어리석고 무지한 자는 오히려 백성에게 해를 끼침이 이와 같으니 목민관의 선발은 신중하지 않을 수 있겠는가.

8월 1일, 맑음
순천부(계주 → 백간점 → 삼하성 부근)

계주의 주인主人과 작별했다. 막위충의 아들은 열 살 정도인데 말도 안 듣고 놀기만 했다. 내가 막위충에게 "당신의 집안은 부유한데 만약 부를 끝까지 보존하고자 한다면 어찌해서 자식을 부지런히 가르쳐 제대로 바로 서기를 바라지 않는가?"라고 했더니, "우리 형제에게는 자식이 겨우 하나뿐이라 애지중지하며 가르치지 못했습니다"라고 했다. 내가 "옛말에 '애지중지하기만 하고 가르치지 않은 것을 가리켜 사랑하지 않는다'라 한다고 했다. 내가 보건대, 보통 사람들은 어렸을 때 가르치지 않으면 나이를 먹고도 항심恒心이 없어 성품이 삐뚤어지고 사치를 일삼아[135] 끝내는 죄를

127

---

134 대대로 이어서 받는 나라의 녹봉.

135 《맹자》〈양혜왕梁惠王〉 상편에 나오는 '일정한 생업이 없어도 언제나 선한 본심을 견지할 수 있는 것은 선비만이 가능한 일이다. 일반 백성의 경우는 일정한 생업이 없으면 선한 본심을 지킬 수 없게 된다. 이처럼 선한 본심이 없어지게 되면 방탕하고 편벽되고 간사하고 넘치게 행동하는 등 못할 짓이 없게 된다(無恒産 而有恒心者 惟士爲能 若民則無恒産 因無恒心 苟無恒心 放辟邪侈無不爲已)'라는 구절을 말한다.

짓고 그 가문을 망하게 한다. 이것을 사랑하는 것이라 할 수 있겠는가?"
하고는 나가려는데, 막위충이 글로 감사를 전했다(특별히 가르침을 받으니 매우 감사하다고 했다).

영제교永濟橋에서 계성薊城[136] 남문으로 들어갔다. 계성의 문은 삼중으로 되어 있다. 성 안에는 전진田振의 효행을 표창하는 정문旌門과 삼대三代가 상서尚書를 역임한 것을 기리는 문門이 있었는데 매우 높고 웅장했다. 간원諫院 성헌成憲[137]의 문은 독락사獨樂寺[138] 동쪽에 있었다(성헌은 조선에 사신으로 왔던 사람이다).

이윽고 계성의 서문으로 나왔다. 계성 서쪽 문의 안팎으로 인가가 매우 밀집해 있었으며, 저잣거리에는 잡화가 가득 차 사람들 어깨가 서로 부딪힐 정도였다.

십리포十里鋪와 이십리포二十里鋪 등을 지나 백간점白澗店의 민간 장원에서 쉬었다. 장원 밖은 대부분 대추나무 숲이었는데 숲 가운데 장원이 있고 그 안에 정자가 있었다. 녹음이 매우 짙으면서도 앞이 탁 트인 것이 비할 바가 없었다. 과수원과 탈곡장은 처음 보는 것이었다. 처음으로 배를 맛보았다.

공락점公樂店, 동령포東嶺鋪, 석비점石碑店, 거둔포炬屯鋪를 거쳐 임순하臨洵河를 건넜다. 초교점草橋店[139]을 지나서 삼하성三河城[140]의 동쪽 역에서 유숙했다. 삼하성 역인驛人으로부터 지현知縣[141] 장씨가 백성을 보살피는 일에 전념하며 뇌물을 요구하지 않는다고 들었다. 현에는 음탕한 여인이 많았는데 지현이 새로 부임해 오자마자 음녀淫女의 주인을 불러와 '이곳에 이

---

136 계주성으로 추정된다.
137 명나라 계문薊門 사람. 1568년(선조 1) 명나라 사신으로 조선에 다녀갔다.
138 천진시天津市 계현성薊縣城 안에 있던 절. 당나라 때 세워진 절로서 984년에 중건했다. 대불사大佛寺라고도 한다.
139 최부의《표해록》에서는 초교점의 동쪽에 임순하가 있는데 풀을 쌓아서 다리를 만들었다고 서술했다. 임순하 근처에 있는 '초교'라는 지명과 관련 있어 보인다.
140 하북성 삼하시 일대의 옛 지명. 명나라 때 동쪽으로 계주, 북쪽으로 평곡平谷, 서쪽으로 통주通州, 남쪽으

렇게 불미스런 음풍淫風이 어찌 있을 수 있는가? 정해 준 날까지 음녀들을 전부 쫓아내 밖으로 내보내고 다시는 받아들이지 말라. 그렇지 않으면 너에게 중벌을 줄 것이다'라고 했다. 이때부터 마침내 음풍이 끊겼으니 그의 조치가 올바르다고 할 수 있다. 다만 그 경내에 홀아비가 어찌 없었겠는가? 그 명단을 만들어 각각 음녀들과 혼인시킨 후 그들로 하여금 생업에 편안히 종사하며 씩씩한 사내를 낳아 강성한 오랑캐를 막게 해야 했다. 그리고 음란한 행위를 그치지 않는 사람에게는 큰 벌을 주면 더러운 풍습이 저절로 끊겼을 것이다. 여기에 있는 것을 싫어하면서 저기로 보내 버리려 하는 것은 무슨 마음인가?

8월 2일, 맑음
순천부(백부도포 → 안교포 → 통주)

삼하현에서 향약례鄕約禮를 행한다고 들었다. 관소의 일꾼이 말하길, "매월 삭일과 보름에 현의 장로들이 다함께 지현 앞에 나아가 무릎을 꿇고 읍을 하면, 지현이 읍으로 답한 뒤에 '부모에게 효도하고, 윗사람을 공경하며, 이웃과 화목하게 지내고, 의롭지 않은 것을 하지 않는다'는 향약 규정을 함께 제창합니다. 약정約正 등이 처마 아래에서 일제히 읍을 하면 지현이 ○합니다"라고 했다.

백부도포白浮圖鋪를 지나다가 갈증이 나서 하점夏店의 장씨 집에서 차를

로 향하香河와 접해 있었다.
141   진나라 이후 중국의 지방 수령. 당·송나라에서는 지현사知縣事, 원나라에선 현윤縣尹이라고 불렸다. 정7품에 해당한다.

마셨다. 가는 길에 여영공呂榮公[142]의 전기傳記를 생각해 보니 부끄러운 마음이 들었다.

절강浙江 인화현仁和縣 사람인 엽본葉本을 길에서 만나 얘기를 나누었다. 엽본의 자는 자립子立이다. 엽본은 부모님을 뵈려고 봄에 삼하에 갔다가 북경으로 가는 길이었다. 우리는 그와 함께 이야기를 했는데 그가 평범하지 않다는 것을 알게 되어, 길가 버드나무 그늘 아래에 앉아서 대화를 나누었다. 엽본은 즉시 수박을 사서 우리를 대접하게 했다. 종이에 이름을 적고 종이를 자를 때, 나는 그에게 칼끝 부분이 향하게 주었는데 돌려줄 때 그는 칼끝 부분을 잡고서 나에게 손잡이 방향으로 주었다. 그의 행동이 매우 예의에 맞아 도리어 부끄러운 마음이 들었다.

허봉이 "왕양명은 어떤 사람입니까? 그리고 최근에 종사從祀하려는 논의가 있었다고 하는데, 이것이 사실입니까?"라고 물었다.

엽본이 "왕양명은 소흥부紹興府 여요현餘姚縣 사람입니다. 천품이 뛰어나고 학식은 깊고 순수하여 양지良知에 관한 훌륭한 학문을 환하게 밝혔습니다. 또한 안으로는 반란을 진압하고 밖으로는 오랑캐를 물리친 공적이 있어 융경제隆慶帝[143]께서 그 공을 가상히 여겨 그 후손을 신건백新建伯으로 봉했습니다. 올해는 절동浙江 순안어사가 왕양명의 학문은 진실로 과거에 사라진 신묘함을 얻었다고 할 만하니 마땅히 공묘孔廟에 종사해야 한다고 논의했습니다. 성상께서 예부에 명령을 내리셨으나 아직 회답하지는 않았습니다. 이것이 그 일의 대강입니다. 만약 제대로 알고자 하신다면 왕양명의 문집에 연보가 있으니 책을 사서 찾아보실 수 있을 것입니다.

142 여원명呂原明, 송나라 철종 대의 학자이자 명신. 이름은 희철希哲이다.
143 명나라 12대 황제. 묘호는 목종穆宗, 재위 기간은 1567~1572년이다.

삼가 답합니다"라고 했다.

허봉이 "제가 그 책을 보았더니 선禪과 비슷한 생각이 많이 있었습니다. 또한 자기 자신을 믿는 것이 너무 지나쳐, 비록 성현의 말씀이라도 간혹 취하지 않겠다고 했으니, 도대체 어디에 진정한 선비다운 모습이 있습니까?"라고 했다.

엽본이 "당신께서 양명의 학문을 선에 가깝다고 하신 것은 왕양명이 유독 양지良知만을 말하고 양능良能[144]은 말하지 않았기 때문입니다. 양지는 바로 체體이고 양능은 곧 용用이므로, 어찌 체體가 서지도 않았는데 용用이 저절로 행해지겠습니까? 만약 선禪이라면 신심身心과 사물事物을 밖으로 하여 텅 비고 고요한 데로 흐르게 될 것인데, 양명은 또한 많은 공적을 세워 볼 만한 것이 있으니, 양명을 알고자 한다면 모름지기 그 선禪 같으면서도 선禪이 아닌 것에서 찾아야 합니다. 《중용》에서 말한 '성즉명誠則明'을 예로 들 수 있는데, 이 말이 무엇을 가리키겠습니까? 다만 그의 고명高明함이 보통 사람보다 한 걸음 높게 나아갔으므로 선이라고 의심받게 된 것일 뿐입니다. '만약 나의 의견과 부합되지 않는 것은 비록 공자의 말이라고 하더라도 믿지 않는다'고 한 것은, 이것 역시 스스로 이치를 믿는다는 뜻을 극단적으로 말한 것이지 스스로 공자에게서 벗어난 것은 아닙니다. 예를 들어 맹자께서 이른바 '성인이 다시 태어난다 하더라도 반드시 내 말을 따르리라'고 했으니, 맹자의 마음도 처음부터 겸손했던 것은 아닙니다. 그러니 의意로서 지志를 맞춰 봐야지 문文을 가지고 사辭를 해쳐서는 안 됩니다. 저는 또한 식견이 얕고 비루하여 장구의 말단을 익혔을 뿐이

---

144 '양지'는 양명학에서 '마음의 본성'을 일컫는 말이고, '양능'은 '타고난 재능'을 말한다.

⊙ 운하 일대의 모습
운하는 하천을 기반으로 한
교통수단으로, 중국 역사에서
군사 · 경제적으로 중요한
역할을 했다. 특히 명나라 때
백하를 지나던 운하는 수도
북경으로 이어져 그 일대가
번화했다.

라, 성학聖學의 연원에 대해서는 털끝만큼도 얻은 것이 없습니다. 삼가 저의 견해를 가지고 답변하여 말씀드립니다. 노선생께서 알맞게 가르쳐 주신다면 매우 행운일 것이니, 제가 감히 마음을 비우고 가르침을 받지 않을 수가 없을 것입니다"라고 했다.

통주에서 다시 만나 얘기하기로 약속하고서 대화를 멈추고 더 이상 논의하지 않았는데 끝내 만나지 못했다. 내가 그에게 대帶를 하지 않은 이유를 물었더니 "지방의 풍속이 그렇습니다"라고 했다.

안교포雁郊鋪[145] 인가 근처의 나무 아래서 쉬었다. 상사께서 먼저 도착한 뒤 사람들을 시켜 행차를 재촉했는데, 돌아가는 달자가 있었기 때문이다. 마침 집주인의 생일이라서 마을 사람들이 모여 있었다. 술 한 잔을 따르고 일제히 꿇어앉자 주인에게 마시게 한 뒤, 주인이 스스로 손님들의 식사를 올리고서 물러나면 손님들이 알아서 마셨다.

백하白河[146]를 건넜다. 백하에 떠 있는 배들은 계하薊河에 비해 훨씬 많았

---

145 〈요계관방지도〉에서는 연교포烟郊鋪라 표시되어 있다.
146 북경 동북부 통주 일대에 흐르던 강으로, 북운하北運河 원류 중의 하나였다. 일명 백수하白遂河라고 한다.

다. 강남의 조운선漕運船이 전부 이곳을 경유하여 금수하金水河에 도착한다. 해마다 남경의 공선貢船 300척을 이곳에 정박시키고서 한 해가 끝날 때면 교체해서 보낸다. 도성이 오랑캐 지역과 가까워 혹시라도 위급한 일이 생기면 배를 타고 가기 위해서라고 한다. 백하 강변에서 영파부寧波府 사람을 만나 함께 강을 건넜는데 이름을 주고받지는 않았다.

통주성 동로하역東潞河驛 근처에 있는 맹수약孟守約의 집에서 숙박했다. 그의 집은 거의 무너질 것 같아 걱정이었다. 행인들에게 처첩妻妾을 팔아서 돈을 벌어 집안을 일으킬 것이라고 한다.

섬서陝西 서안부西安府 장안長安 사람이자 을묘년(1555) 과거 합격자 국서國瑞 왕지부王之符가 집안에 머무르고 있기에 저녁 무렵 밖으로 나와서 함께 얘기를 나누었다.

8월 3일, 맑음
순천부(노하역)

거의 모든 수레가 뒤쳐졌기 때문에 노하역潞河驛에서 머물며 기다렸다.

아침에 왕지부가 예물로 《두율杜律》 두 권, 피금皮金[147] 세 장張에 목록이 첨부된 편지를 갖추어 보내왔다. 부채와 갓, 붓과 먹으로 사례했다. 내가 백원개를 시켜 몇몇 단어에 대해 물었더니 왕지부는 다만 세 가지 사물의 이름만을 풀어 주고는 끝 부분에 "이 단어를 풀어낼 수 있는 자는 세상에

---

147 금을 입힌 장식용 가죽.

● 남송의 사상가 육상산
본명은 육구연陸九淵(1139~1192).
남송의 사상가로 자는 자정子靜,
호는 상산이다. 주자의 객관적
유심론에 대립하는 주관적 유심론을
주장하여 중국 전체를 양분하는
학문적 세력을 형성했다.

많지 않으니 풀어내는 사람은 필시 방술사일 것입니다. 가령 소용이 없는 사물의 뜻을 모두 다 풀이하고자 한다면 성문聖門에 있어서는 물건을 즐기다가 뜻을 잃게 되는 것(玩物喪志)이며 우리 유가儒家에게는 넓게 배우는 소인小人(博學小人)이 되는 것입니다"라며 주의를 주었다.

오후에 허봉과 함께 왕지부의 거처로 찾아갔다. 우리는 그를 만날 때 세 번 읍을 한 뒤에 편하게 자리에 앉았다. 손님은 서쪽에, 주인은 동쪽에 앉았다. 차를 다 마신 뒤 허봉이 왕지부에게 "왕양명은 무슨 일로 인해 문묘文廟에 종사하자는 논의가 있게 되었습니까?" 하고 물으니, "양명은 육상산陸象山의 선학禪學을 본받은 위선자입니다. 그가 집에서 생도生徒들을 가르치던 때에 그의 아내가 밖으로 나가 문도들을 꾸짖으며, '이 학문은 위학僞學이니 그것을 배워 무엇하겠는가!'라고 말하니 문도들이 그날로 흩어져 가버렸습니다. 천하가 모두 그의 학문이 거짓임을 아는데, 예전에 남쪽 사람으로서 그의 제자가 된 사람 중에 진사에 오른 자가 많아 조정의 논의를 마음대로 하게 되자 감히 사설邪說을 올려 종사를 청한 것입니다. 그러나

134

148 1431~1478. 명나라 중기의 사상가. 자는 이정彝鼎, 호는 일봉一峯.
149 1479~1542. 명나라 중기의 사상가. 자는 중목仲木, 호는 경야涇野.
150 명, 청 대에 전시殿試에 급제한 자에게 주어진 호칭.
151 중국에서 한족 이외의 변방의 이민족을 오랑캐로 일컫던 말로서 '동이東夷·서융西戎·남만南蠻·북적北狄'을 통틀어 이르던 말.
152 1525~1582. 명나라의 정치가. 어린 만력제를 대신하여 국사를 처리했으며, 지주를 통제하고 농민 부담의 균형을 꾀하는 등의 개혁 정치를 시행했다.

즉시 공론公論이 일어나서 일이 아직 시행되지는 않았습니다"라고 했다.

"근래 명현名賢 중에 성인의 학문을 잘 전수하는 이는 누가 있습니까?"라고 물으니, "일봉一峯 나륜羅倫[148]과 진유眞儒 여남呂柟[149]이 종사되었습니다. 여남은 함녕咸寧 사람으로 정말 많은 책을 보았고 결국 덕을 이루어서 문도가 만 명에 이릅니다"라고 했다.

왕지부에게 "나이가 어떻게 됩니까?"라고 물으니 "정유년(1537) 생입니다"라고 했다. 또 "어느 해에 급제하셨습니까?" 하니 "갑인년(1554)에 급제했는데 진사進士[150]가 되지는 못했습니다"라고 했다. 중원에서는 급제한 사람 모두 관직에 나아간다. 그런데 재주를 감추고 출사하지 않으니 서둘러 입신하려 하지 않는 사람이다.

내가 "중국 땅에 들어온 지 오래도록 조정에서 나온 사람을 보지 못해서 지금껏 조정의 소식을 들은 적이 없습니다. 지금 황상께서는 경연에 부지런히 임하시고 군자는 조정 관원들 중에 많이 있습니까? 백성은 평안하고 사이四夷[151]가 모두 복속해 옵니까? 천하에 태평한 기상이 있습니까?"라고 물으니, "황상께서는 어린데도 글공부를 열심히 하시고 또한 경연에도 부지런하십니다. 다만 친정親政을 하실 수 없으니, 각로閣老 장거정張居正[152]이 일처리를 공정하게 하고자 하여도 태감太監 풍보馮保[153]가 마음대로 권력을 농단하기 때문에 혹 과도관科道官[154]이 황제께 상소를 올려도 모두 그 뜻을 이루지 못합니다. 이것이 걱정될 만한 일일 따름입니다. 백성은 다행히 그럭저럭 편안하고 사이는 별달리 문제를 일으키지 않습니다"라고 답했다.

"중원인들은 문장공文莊公[155]의 《가례의절家禮儀節》[156]을 많이 이용하니

---

153 ?~1583. 명나라의 태감太監. 융경 말, 만력 초년에 정권을 장악했다가 신종에 의해 축출되어 남경으로 이주했다. 다만 본문의 내용과 달리 장거정의 "일조편법"을 지지하여 명나라의 재정을 확보했다는 평가도 있다.

154 명, 청 대에 육과六科(이·호·예·병·형·공)의 급사중給事中과 도찰원都察院의 십오도감찰사十五道監察使를 통칭하던 명칭으로서, 백관을 기찰하는 직무를 담당했다.

155 구준丘濬(1420~1495). 명나라의 학자. 자는 중심仲深. 호는 경산瓊山.

156 구준이 엮은 책으로서 《문공가례》를 시행하는 절차와 복장 등을 설명하는 내용.

까?"라고 물으니 《문공가례文公家禮》와 《문장가례文莊家禮》를 함께 씁니다"라고 하기에, 그에게 예에 있어 의문이 나는 부분을 물어보았다. 왕지부가 약속하며 말하길, "저는 밀운현密雲縣에 가서 같은 해 급제한 이를 만나 본 뒤 8월 보름에 즈음하여 북경으로 돌아와 반드시 회동관會同館[157]으로 찾아가겠습니다"라고 했다. 우리는 기뻐하면서 "만일 그리된다면 어찌 우연이겠습니까?"라고 했다. 나가려고 하다가 비를 가릴 유지油紙를 요청했더니 두 장丈을 주었다.

"지금 천하에 물러나 자취를 감추고 스스로 수양하는 선비가 몇이나 있습니까?" 하고 물으니, 왕지부는 "섬서陝西 함녕현咸寧縣에 왕용빈王用賓[158]이 있습니다. 일찍이 남경南京에서 이부상서吏部尙書를 지냈는데, 병을 핑계 삼아 벼슬에서 물러난 뒤 집에서 학문에 집중하고 있으니 이는 또한 세상에 드물게 행실이 고상한 사람입니다"라고 했다.

또 왕지부에게 들으니, 섬서 고령현 사람인 한조강韓朝江은 병부시랑兵部侍郎으로 벼슬에서 물러난 뒤 집에서 강학하고 있다고 한다.

상사가 중당으로 숙소를 옮겨 술 여러 잔을 마셨다. 《황명통기皇明通紀》[159]를 얻었다. 귀국할 때 벼루 하나를 주겠다고 약속했다. 맹수약은 그의 객상客商들이 범한 죄를 관官에 숨겼다가 함께 잡혀 하옥되었다. 나는 맹수약의 집에 머물고 있었기에 묻지 않을 수 없어 사람을 시켜 그의 처에게 안부를 물었다.

---

157 조선 사신은 북경에 도착한 후 명나라에서 공식적으로 지정해 준 숙소인 회동관에서 머물게 되어 있었다. 회동관 앞에는 옥하玉河가 흐르고 있었기에 옥하관이라고도 했다. 북경시 왕부정대가王府井大街에 있었다. 《조천일기》에서는 옥하관과 회동관을 혼용하고 있는데, 본 번역문에서는 혼란을 피하기 위해 정식 명칭인 회동관으로 표기한다.
158 명나라의 문신. 자는 여필汝弼. 지삭주知朔州를 지내면서 어진 정치를 베풀어 백성들이 그를 사모했다 한다.
159 가정 시기 진건陳建(1497~1567)이 편찬한 명나라 역사서. 원나라 말부터 명나라 정덕正德 연간(1522)까지를 다루었으며 역사서 중 최초로 편년체로 서술했다. 중국 지식인들에게는 비교적 좋은 평가를 받았지만,

8월 4일, 맑음

순천부(통주 → 석가산) → 북경(자금성 조양문 → 회동관)

상사가 세 번이나 사람을 시켜 길을 재촉하려 했으나 서장관이 만류했다
가 수레가 곧 올 것이라는 소식을 듣고서 이내 출발했다. 허봉이 표문을
버리고 먼저 갈 수 없다고 강하게 주장했기 때문에 상사는 몹시 화를 내며
서둘러 가려고 했지만 결국 멈추었다. 기다리는 동안 또 배를 구해 뱃놀
이를 하려는 차에 마침 수레꾼이 와서 "달자에게 약탈당할까 걱정되어 강
하류를 통해 건너는데 저녁에는 경사에 도착할 수 있을 것입니다"라고 보
고했기에 곧 출발했다.

통주성 남문으로 들어갔다. 남문 안팎으로 여염집이 무수히 많았다.

큰 하천이 성을 통해 흘러 나가는데 위로는 다리를 짓고 그 아래는 갑
문, 즉 통류갑通流閘을 설치했다. 이곳을 거쳐 서문으로 나갔다.

대통교大通橋를 지나가며 보니 다리 아래로 배가 지나다녔다.

석가산石假山[160]의 주인집에서 쉬었다. 석가산 근처의 숙소는 매우 크고
사치스러웠으며 집 뒤에 석가산이 있었다. 산허리에 문이 있었고 안으로
깊숙이 들어가니 어두운 방을 거의 열 개 정도 만들어 놓았다. 중앙 계단
을 통해 산으로 올라갈 수 있었다. 산 정상에는 각閣이 있었는데 그 앞에
괴석들이 줄지어 서 있었다. 산 뒤에도 대각大閣이 있었고 원포園圃[161]가 매
우 넓었다. 집 안에는 원숭이가 있었으며 모습이 정말로 작은 사람 같았
다. 집을 지은 사람은 총병관이었는데 완공한 지 얼마 지나지 않아 아들이

조선 태조의 이름과 종계宗系가 잘못 기록되어 있어 조선 지식인들 사이에서는 많은 논란이 있었다.
160 정원이나 집 주위에 돌을 쌓아 만든 산.
161 과일 나무나 채소 등을 심는 뜰 안의 밭.

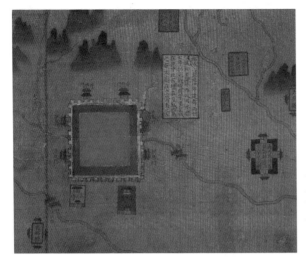

⊙〈요계관방지도〉중
북경성 일대
지도에서 굵은 네모로
표시된 곳이 북경성이다.
남쪽에는 천지단天地壇과
산천단山川壇이 있으며,
성곽 동쪽 아래쪽 문이
바로 조양문이다.

집을 내관에게 팔아 버렸다. 내관이 다시 성국공成國公[162]의 후손인 주희충
朱希忠[163]에게 팔았는데 주희충 부자 역시 바로 죽었다고 한다. 아! 총병관
이 되어 이 집을 지은 자는 근무지에서 돈을 요구하며 백성의 고혈을 짜내
지 않았겠는가. 내관은 차치하고, 주희충 부자마저 집을 사자마자 곧 죽었
으니 소위 '극도로 사치스러운 물건은 반드시 화가 뒤 따른다'고 한 것은
참으로 바른 말이다. 옛날의 이름난 재상이 집을 지었을 때는 대청 앞이
겨우 말 한 마리를 돌릴 크기였으나 지금은 대들보를 금으로 장식하고 벽
을 붉게 칠하며 자제할 줄을 모르니 어떻게 해야 하겠는가.

북경의 서쪽으로 이동했다. 통주에서 경사의 성문에 이르기까지 여염집들
이 서로 이어져 끊이지 않았다. 길가에는 불사佛寺와 선궁仙宮이 많았다. 내
관들도 또한 문이 있는 묘를 가지고 있었는데, 돌을 깎아 계단을 만들고 벽

138

---

162 연왕 주체朱棣(이후 영락제)가 황제가 되기 위해 전투를 벌였을 때 활약한 주능朱能에게 주어진 작위.
163 자는 정경貞卿. 가정嘉靖 15년(1536) 성국공成國公을 습작襲爵했으며, 오군도독부사五軍都督府事를 관장했다.

돌을 사용해 계단을 설치했으며 몇 리에 걸쳐 담장을 두르는 등 매우 사치스러웠다. 남쪽에는 의총義塚이 있었다(按) '계단' 하나는 오류인 것 같다).

조양문朝陽門[164]으로 들어갔다. 문 안에서 내관이 앉아 감독했다.

북경성 동쪽 모퉁의 장안가長安街,[165] 옥하의 동쪽 제방을 지났다. 문의 남서쪽에는 한림원翰林院[166]이 있고, 동쪽에는 첨사부詹事府[167]가 있었으며 옥하 변에는 벽돌로 계단을 만들어 놓았다.

옥하교를 거쳐 회동관으로 들어가 동전소東前所[168]에서 짐을 풀었다. 상사께서 상방上房을 꺼려 서쪽 중방中房에서 묵으려고 했기에 원래 중방에서 자야 하는 허봉과 나는 감히 상방에서 묵을 수가 없어서 압마관의 방에서 숙박하고자 했다. 그런데 상사께서 이내 서쪽 상방으로 옮겨 갔고, 허봉은 동쪽 중방에 나는 서쪽 중방에 묵었다. 아마도 동쪽 상방에서 예전에 사신이 죽은 일을 꺼려서 들어가지 않은 듯싶다.

---

164 북경시 동성구東城區 동부東部에 있었다. 원나라 때 제화문齊化門이라고 불리다가 정통正統 4년(1439)에 조양문으로 이름이 바뀌었다.
165 명나라 때 북경 내성 남동쪽 모퉁이에 있던 도로로 추정된다. 청나라 때 북경성 지도에는 동장안로와 서장안로가 표시되어 있다.
166 중국에서 조칙詔勅의 제찬制撰 등을 담당하던 관청으로서 도성 좌문 밖 옥하 서안西岸에 있었다.
167 황후 및 태자의 가족을 관리하는 기구.
168 회동관은 동관과 서관으로 분리되어 있었는데, 동관을 동전소라 한 것으로 추정된다.

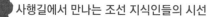

낯선 문화 속에서 자신을 발견하는 과정이 여행이라면, 조선시대 지식인에게 사행은 최고의 여행이 아닐 수 없다. 오늘날처럼 해외여행이 자유롭지 않던 시절, 사행은 조선이라는 울타리를 벗어날 수 있는 유일한 방법이기 때문이다. 게다가 그 목적지는 중국의 수도 북경. 바로 지식인들이 이상으로 삼던 중화 문화를 직접 체험할 수 있는 곳이다. 하지만 이 이상적인 장소에 머무르는 시간은 그리 길지 않았다. 오히려 북경까지 가는 여정에 좀 더 많은 시간을 할애해야만 했다.

특별한 일이 없는 한, 사행 여정은 4~6개월 동안 진행된다. 조헌의 경우도 크게 다르지 않은데, 5월에 한양에서 출발한 그가 북경에 도착한 것은 8월 4일이었고, 9월 6일에는 귀국길에 오른다. 전체 일정 가운데 북경에 머무른 시간은 고작 1개월에 불과하고, 나머지 시간을 오고 가는 데 소비한 것이다. 언뜻 보기에 많은 시간을 길에다 허비한 것처럼 느껴질 수도 있지만 사행단이 걸은 길은 단순한 경로에 그치지 않는다.

특히 압록강을 건너 산해관에 이르는 길은 조선 지식인들에게 많은 시사점을 주는 곳이었다. 이 일대의 사행로는 요동 지방의 상황에 따라 경로가 변경되었는데, 16세기 후반 사행길에 오른 조헌은 요령에서 우가장牛家庄을 거쳐 산해관으로 들어가 북경으로 가는 경로를 이용했다. 당시 조헌은 달자의 위협 속에 놓여 있는 변방 백성들의 모습과 중앙의 감시가 소홀한 틈을 타 개인의 사욕을 채우는 데 골몰하던 중국의 지방관들을 목도하면서 조선의 변방 지역을 떠올렸다. 성리학자로서 논쟁에 참여하기도 하고, 백성들의 생활 모습을 평가하기도 했다.

조선 후기에 이르면 사행 경로가 달라진다. 먼저 청나라에서 성경부盛京府를 설치한 후 사행로가 성경부를 거쳐 가는 경로로 바뀌었으며, 우가장에 군사시설이 들어선 이후에는 조선 사행단은 우가장을 지날 수 없었다. 하지만 더 큰 변화는 조선 후기 사행길에 오른 지식인들에게 있다. 조선 후기 지식인들은 이전보다 북방 지역에 관심을 더 가졌다. 조선이 가진 중화의 모습을 역사적으로, 지리적으로 고증하기 시작한 것이다. 따라서 사행길에서 그 흔적을 발견하고자 노력했으며, 조선과 관련된 고대의 역사 장소에 의미 부여를 하기 시작했다.

조선시대 사행길은 중요한 정치적 현안을 가지고 시작한 공적인 여정이었지만, 그 길을 걷던 지식인들은 개인이 가지고 있던 문제의식을 그 길 위에다 투영했다. 따라서 《조천일기》의 사행로를 따라 함께 걷다 보면, 북경이 아닌 조선 지식인 조헌을 만날 수 있을 것이다.

3. 북경 도착과 공식 행사

북경 회동관(8월 5일~9월 5일)

8월 5일, 밤에 비오다 아침에 흐림
북경(회동관)

아침에 명나라 황제께서 석전제釋奠祭[1]의 향香과 축문祝文을 전하셨다. 북소리를 듣고서 행사가 있다는 것을 알게 되었다.

서반序班[2] 고운정高雲程이 쉴 곳이 없었기 때문에 화를 내며 통사에게 이르기를, "손님으로서 주인의 자리를 빼앗아 몸 뉘울 곳을 없게 만들었으니, 누가 예의지방禮義之邦이라고 하겠습니까?" 하고는 돌아가 버렸다. 이때문에 상사는 어쩔 수 없이 동쪽 상방으로 거처를 옮겼고, 허봉은 서쪽 상방으로, 나는 중앙의 동방東房으로 옮겼다.

추로백秋露白[3]을 중랑에서 마셨다. 밤에 담장 밖에서 군대의 호령 소리가 끊임없이 들렸다. 아침에 물어보니, "도성에는 원래 군사 25만이 주둔하고 있으며, 두 번으로 나뉘어 참장과 유격遊擊 각 3000명, 비어備禦가 1500명, 장인지휘掌印指揮가 500명, 제조지휘提調指揮가 300명을 거느리고 1년 중 6개월 동안 번을 서는데, 밤에는 각 거리에서 서로 바라보이는 곳에서 연이어 진을 치고 때로는 휘파람을 불기도 하고 때로는 소리를 지르기도 하면서 도적이 있는지를 살핍니다. 이 때문에 성안에는 도적이 다닐 수 없습니다"라고 했다.

관원들이 돈을 요구한다는 이야기를 들었다. 관소의 일꾼에게 "이곳 순천 부윤順天府尹[4]이 돈을 요구합니까?"라고 물으니 대답하길, "지금 관원이 된 자 중에 돈을 요구하지 않는 사람이 있습니까?"라고 했다.

---

1 공자에게 지내는 제사.
2 명, 청 대에 백관의 반차班次를 담당하거나, 황제의 칙명을 전하던 홍려시鴻臚寺의 한 벼슬. 조선의 사신이 중국에 갔을 때 이들을 통해 중국의 물정을 탐문했다.
3 가을 이슬을 받아 빚는 술.
4 순천부는 명, 청 때 북경의 전체 행정구역을 뜻한다. 순천 부윤(정3품)은 순천부의 최고 수장으로서 치안, 행정, 사법 등의 정무를 처리했다. 조선의 한성 부윤과 그 역할이 비슷하다.

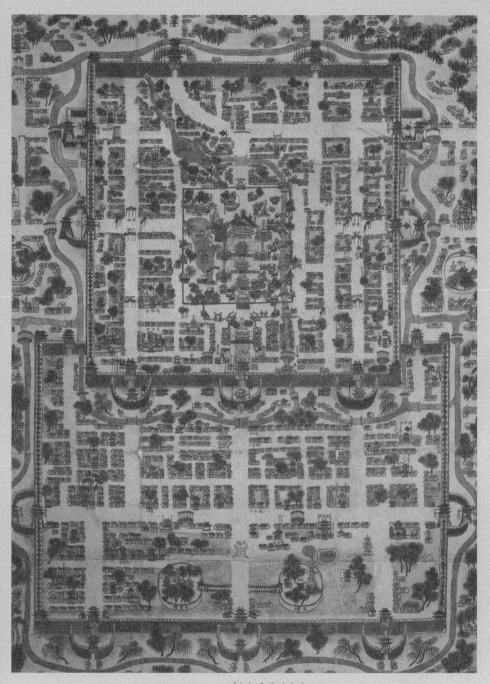

◉《여지도》중 북경 지도

조선 후기 청나라 때 북경을 그린 지도로, 명나라 때 북경의 흔적을 짐작할 수 있다.
규장각 소장.

8월 6일, 맑음

북경(회동관)

관부(館夫)가 이불을 가지고 왔다. 조정에서 준 이불은 녹색 문양의 비단(綠文錦)으로 만들었고, 요는 홍색 문양의 비단(紅文錦)에다 가운데에 푸른색 비단(碧錦)을 써서 만들었다. 또 겹이불이 있었고, 비단 담요(錦毯), 비단 베개(錦枕)를 준비해 두었으니, 하늘같은 명나라에서 우리나라를 대우하는 것이 지극했다. 참람스럽게 감히 이불을 사용할 수 없어 말아 둔 뒤 담요만 깔았다.

저녁에 중정에 모여서 이야기를 나누었다. 설장수(偰長壽)[5]가 사신이 되었을 때 요동 도사가 토산물을 요구했는데, 달리 줄 것이 없어 자신의 모시옷을 벗어 주자 도사가 이르기를, '나는 설장수같이 청렴한 사람을 본 적이 없다'고 했다고 한다.

8월 7일, 맑음

북경(회동관)

보단을 올리려고 했지만 방물을 실은 수레가 도착하지 않아 올리지 않았다.

오후에 수레가 모두 도착했다. 수레를 몰고 온 사람들이 여러 날 동안 식사를 하지 못했으며, 삿갓은 대부분 달자에게 빼앗겼다.

---

5 1341~1399. 여말 선초의 문신. 조선에 귀화한 위구르인으로 조선 개국에 참가하여 9공신의 한 사람이 되었다. 조선 초 태조에 의해 등용되어 여러 차례 명나라에 사신으로 파견되었다.

6 조선시대 교서관校書館·성균관成均館·승문원承文院·예문관藝文館을 합해 이르던 말.

7 신임 관인을 고참이 학대하여 치욕을 주던 일.

8 1539~1594. 조선 중기의 문신. 임진왜란 때 선조를 호종했으며, 명군의 지원 유도, 기민의 구휼 등에 크게 공을 세웠다.

9 1541~1593. 조선 중기의 문신. 1566년(명종 21) 별시 문과에 을과로 급제하여 승문원정자承文院正字가 되었다.

상사께서 백지白紙 한 권을 보냈다.

저녁에 중랑에서 이야기를 하다 사관四館⁶에서 신참을 괴롭히는 일(侵新來)⁷을 언급하자 허봉이 말하길, "이산보李山甫⁸와 홍혼洪渾⁹이 사관을 담당했을 때 처음으로 윤직輪直¹⁰할 것을 정한 후 조사曹司¹¹ 검열檢閱¹²이 지나치게 많이 숙직하는 문제를 공평하게 만들었습니다. 홍혼은 심지어 화안花案을 태워 버리기까지 했습니다. 그러나 이후에 들어온 자들이 여전히 구습舊習을 따랐기에 저와 대중大中¹³이 그 해악駭愕스러운 일을 전부 가져다 없애 버렸습니다. 그러자 혹자는 '이러한 좋은 풍습을 고쳐서 모두 없애 버리다니! 고래古來의 영웅호걸 중 얼마나 많은 사람이 거쳐 왔는가! 오히려 존양해야 할 의미가 있는데도 지금은 모두 없애 버렸다'고 하니, 최근의 풍속이 대개 이렇습니다"라고 했다.

8월 8일, 흐림
북경(회동관 → 예부)

보단을 예부에 올렸다. 서반 장국신張國臣과 고운정이 함께 와서 우리로 하여금 조회에 참석하는 의례를 익히게 했다.

진수시珍羞寺¹⁴에서 양식으로 백미白米 한 석 여덟 두, 술 아흔 병, 엽차葉茶 다섯 근 열 냥, 염鹽·장醬 각 아홉 근, 채소 서른다섯 근, 향유香油 네 근 여덟 냥, 화초花椒 아홉 냥을 보냈다. 반송관과 관부 등에게 나누어 주었다.

10 번을 돌아가며 차례대로 하는 숙직.
11 벼슬에 갓 임명되어 일의 경험이 적은 사람.
12 조선시대 예문관에서 사초史草를 꾸미는 일을 맡아보던 정9품 벼슬.
13 최명崔銘으로 추정.
14 제사, 조회, 빈객 등의 음식을 담당하던 관청으로 진수서珍羞署라고도 한다.
15 1528~ ?. 조선 중기의 문신. 《선조실록》1574년 1월 23일 기사에 최홍한이 사신으로 명나라에 갔다가 귀국했다는 내용이 기록되어 있다.

이전 사행 때는 으레 하정 물품을 관부·반송관·서반 등에게 나누어 주었다. 최홍한崔弘僴[15]이 왔을 때 하인들이 식량이 떨어졌다고 알리고는 하정미下程米를 나누어 달라고 청하며 임금의 은택을 다 같이 받기를 바랐다. 그러자 최홍한은 "황제의 조정에서 먼 지방 사람들이 고생하며 찾아온 것을 안타깝게 여겨 양식을 많이 보내 주셨으니 나누지 않을 수 없다"라고 하고서 매번 나누어 먹게 했으니, 일 처리를 잘하는 사람이라고 할 수 있다.

관부가 압마관에게 '궁귀窮鬼'[16]라고 말했다는 이야기를 들었다. 우스웠다. 압마와 통사는 신분에 차이가 있다. 중국의 관부는 압마관이 물건을 가지고 오지 않아 자신에게 이득이 될 것이 없었기 때문에 해진 의관衣冠을 골라서 주었다. 압마관 김씨와 정씨가 즉시 바꾸어 올리게 하자, "궁귀가 뭐라는 거야!" 했다고 한다. 송대춘 등은 으레 물건을 가지고 왔기 때문에 그들에게는 '노다老爹〔중원中原에서 관원을 부르는 호칭이다〕'라고 하며 의관을 반드시 새것으로 골라 주니, 그들이 이익을 추구하는 짓이 이와 같다. 그러나 출발하는 날이 다 되어서 물건이 점점 줄어들면, 조선 통사가 호통을 칠 때 반드시 모욕하는 말로 조롱하고서 달아난다. 이익으로 사람을 꾀는 것은 이처럼 인심을 오래 붙들어 둘 수 없다. 고금 천하에서 어찌 이들 관부만 그러하겠는가! 대개 관부라는 자들은 별도로 26명을 차정해서 우리나라 사람의 수종이 되게 한 것인데, 도리어 조정에서 내리는 쌀만 축내고 일하기를 기꺼워하지 않는다.

16 '궁한 귀신'이라는 뜻으로, 곤궁한 사람을 비유적으로 이르는 말.
17 명나라 때는 대명문大明門(현재 모택동기념관 자리) 동북쪽과 서북쪽에 각각 장안좌문·장안우문을 설치했고, 이곳에서부터 관원들은 말·수레에서 내려 도보로 들어갔다. 1952년 교통 문제로 철거했다.
18 명나라 때 황성 남쪽에 있던 정문으로 청 대에는 천안문天安門이라고 했다.
19 황성 승천문을 지나 자금성 오문으로 들어가기 전에 있는 문.
20 삼문으로 구성된 문에서 좌우에 달린 작은 문.
21 임금이 다니는 길.

8월 9일, 맑음

북경(자금성 → 광록시 → 예부)

황상께서 조회를 보셨다. 새벽에 장안문長安門[17]에 도착해 승천문承天門,[18] 단문端門[19]으로 들어갔다. 좌협문左夾門[20] 안에 각각 환관이 처소를 지어 놓고 지키고 있었는데 등을 높이 달고 앉아서 감독했다.

오문 밖 어로御路[21]에서 오배삼고두를 했다. 어로 아래의 동쪽 가장자리에 서 있다가 종과 북이 울리자 어로에 서서 예를 행했다. 오문의 좌우에는 각각 세 마리의 큰 코끼리가 줄지어 서 있었다. 의식의 호위가 매우 엄중했다. 한번 읍을 한 뒤 우액문右掖門[22]으로 들어가니, 황제께서는 이미 황옥黃屋[23] 가운데 앉아 계셨다. 모든 관리는 뜰에 줄지어 서서 동서에서 서로 마주하고 있었으며, 서반들은 다리 북쪽에서 북쪽을 향해 줄지어 서 있었다. 이날 마침 다른 군국郡國[24]의 사람들이 많이 와서 상주했다. 통정사通政司[25] 관원이 계단 아래 어로에 나아가 궤跪[26]하고서는, "아무개 주州의 지부知府 아무개와 아무개 나라에서 보내온 사람 아무개 등이 뵈옵니다"라고 고하니, 황제께서 모두 "알았다"라고 답하셨다. 군국의 관리와 종인들은 혹은 사모紗帽를 쓰고 대帶를 했고, 단지 모자만을 쓴 경우도 있었다. 모두 어로에서 고두叩頭한 뒤에 나갔다. 대개 모든 군국에서 보내온 사인使人과 종인이 함께 뵙는 것이 관례다. 명찬관鳴贊官[27]이 좌우에 서서 "궤하라", "개두磕頭하라",[28] "데리고 나가라(引去)" 등을 외치고 예를 마쳤다.

서반이 인도해 어로에 이르러 행렬을 정돈하고, 조선 사신단 중 하인下

---

22 왕래의 편의를 위해 정문 옆에 작게 낸 작은 문.

23 천자가 타는 수레

24 군국은 엄밀한 의미에서 천자의 직할인 군郡과 제후에게 내려 준 국國을 뜻하지만 여기에서는 명대 지방관제인 13도道의 주요 관원들을 말한다.

25 명나라 때 상주문과 상소문 등을 검토·확인하는 중앙 기구. 최고 책임자인 통정사사通政使司는 3품이다.

26 무릎을 땅에 닿도록 꿇어 않는 의례.

27 예식의 진행을 위해 각 절차를 소리로 알리는 관원.

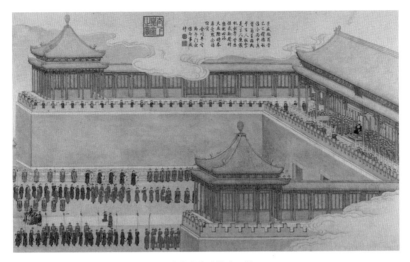

⊙ 자금성의 정문인 오문
18세기 후반 오문에서 진행 중인 의례의 모습을 담고 있다.

人은 모자를 쓰고 몸에는 흑철릭黑帖裏을 입고서 뒤따랐다.

궤한 채로 있었다. 예부시랑과 홍려시鴻臚寺 관원이 궤하여 고하길 "조선에서 보내온 배신陪臣[29] 박朴 아무개 등이 뵙습니다"라고 하자, 우리 모두 개두를 세 번 행했다.

황제께서 "먹을 것과 마실 것을 주라" 하셨다. 융경제께서 조회를 보셨을 때는 목을 빼고 사방을 둘러보셨고 또한 목소리도 매우 작아서 내관으로 하여금 전달하여 외치게 하셨을 뿐이다. 지금 황제께서는 연세가 겨우 열둘이시나 의젓한 것은 어른과 같아 시간이 제법 흐른 뒤 멀리서 우러러 보았지만 조금의 움직임도 없으셨다. 또한 외인外人을 위해 친히 명령

---

28 이마를 땅에 대듯이 절을 하는 의례.
29 제후의 신하가 천자를 상대할 때 자기를 낮춰 이르던 말.

을 내리셨는데, 옥玉 같은 자질은 깊고 빼어나셨고 황금 같은 소리는 맑고 막힘이 없어, 따뜻한 음성을 들으니 감격하여 나도 모르게 눈물이 흘렀다. 만세토록 태평하길 바라는 마음이 이로부터 더욱 간절해졌다.

개두한 뒤에 서반이 인도하여 와서 즉시 돌아 나왔다.

궐좌문闕左門[30] 안의 광록시光祿寺[31]로 가 나무 아래서 술과 밥을 대접받았다. 걸상을 설치하고 그 앞에 과일과 고기를 매우 성대하게 차려 놓았다. 고기는 날 돼지고기였다. 겨우 세 잔을 마셨는데 관부 등이 음식을 챙겨 가려 다투니 소반과 상이 지저분해졌다.

예부로 가서 당상堂上 좌시랑左侍郞 왕당汪鐺과 의제사儀制司[32] 낭중郞中 정여벽鄭汝璧, 주객사主客司[33]의 왕정시王庭詩를 뵈었다. 우리가 함께 월대月臺 위에서 재배하니 당상은 앉아서 받았으며 낭중은 상사에게는 배拜로 답했고 우리에게는 읍했다.

예관禮官들이 사무를 아뢰는 모습을 보니, 당상은 의자에 앉아 있었고 낭중은 시립했다. 모든 외관外官은 관직의 높고 낮음과 관계없이 모두 궤하여 월대에서 공사公事를 올렸다. 이서吏書의 우두머리가 그것을 받아서 낭중에게 주면 외관은 일어나 읍한 뒤 나갔다. 낭중은 문서를 받아서 동쪽을 향해 한 번 읍하고는 가지고 가서 당상의 책상 왼쪽에 올렸다. 당상이 받으면 읍하고 물러나서 시립했다.

낭관이 서로 읍하는 의식을 보았는데, 낭관이 당상에게 읍을 한 후 물러나 서로 마주하여 서서 각각 읍하고 나간다. 사제사祠祭司와 정선사精膳司 낭관들은 북쪽으로 물러나고, 의제사와 주객사 낭관들은 남쪽으로 물러

30 자금성의 남문인 오문을 밖에서 바라볼 때 동쪽에 있는 출입문.
31 궁중의 제사, 조회, 연회 등의 술과 음식을 담당하던 관아.
32 예부에 소속된 부서로 의례의 절차와 규정을 담당했다.
33 예부에 소속된 부서로 외국의 조공, 접대, 지급 등 대외관계의 전반적인 실무를 담당했다. 조선과 외교적으로 가장 밀접한 부서 중 하나다.

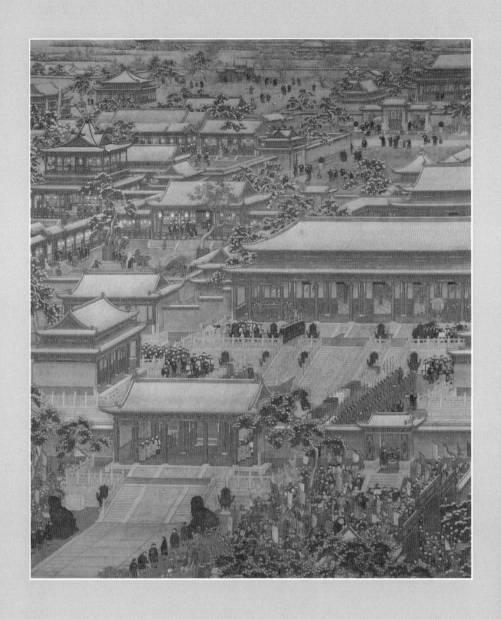

◉ 청나라 건륭 연간에 그려진 〈만국래조도萬國來朝圖〉

중국 중심의 중화 세계를 기념하기 위한 그림으로 청동 사자 뒤로 태화문(황극문)과 태화전(황극전)이 보인다.

북경고궁박물원 소장.

난다. 낭중은 곁방(火室) 아래서 남쪽을 향해 서며, 원외員外와 주사主事는 모두 북향한다. 낭중이 한 차례 읍을 하면 원외와 주사는 또한 낭중의 오른쪽으로 나아가고, 관정진사觀政進士[34]는 모두 동쪽을 향해 서서 또한 한 차례 읍을 한다. 낭중이 문을 향해 몇 걸음 나아가면, 원외와 진사도 몇 걸음 물러나 서서 다시 한 차례 읍을 한다. 이를 마치면 낭중은 곁방에 들어가고 원외와 진사는 각기 부서로 돌아간다.

관원들이 문서를 제출하고 수령하는 일을 살펴보니, 문서를 아뢸 자가 먼저 통정사에 올리면 통정사에서는 도장을 찍고 각사各司에 나누어 준다. 각사에서는 문서를 제출했다는 증빙(投文牌)을 받아 확인한 뒤, 문서를 수령했다는 증빙(領文牌)을 나누어 준다.

송대춘이 의제사에 표문을 바쳤다. 낭중 정여벽이 정성스럽게 싼 표문의 포장과 정교한 의기儀器를 보고는 손으로 가져다 어루만지며, "당신네 나라는 기자箕子[35]가 남긴 가르침을 지금까지도 준수하며 예의를 잘 보존하고 있군요. 이 때문에 천조天朝를 공경하며 받드는 도리를 다할 수 있으니 아름답고도 훌륭합니다"라고 말했다.

이날 13도의 진하방물표進賀方物表[36]가 모두 예부에 도착했다. 표문을 올릴 때 악공이 각각 그 복색服色에 따라 앞에서 음악을 연주했고, 궤짝을 멘 사람들이 따라 들어와 당상 앞에 13도의 진하방물표를 늘어놓았다.

34 과거에 급제했지만 아직 정식으로 관직을 제수 받지 않고 6부 9경 아문에서 실무를 견습하는 예비 관원.
35 은나라의 왕족으로 주왕紂王의 학정을 피해 한반도 북부로 이동하여 조선을 세웠다는 기록이 있다(기자조선). 조선에서는 유교 문명과의 매개를 위해 조선과 기자의 연결성을 강조하고, 중국에서는 자신들의 현자가 조선을 건국했다는 의미에서 관심을 가졌다.
36 황제의 즉위, 생신, 탄생 등을 축하하기 위해 올리는 표문.

주객사에 방물을 올렸다. 통사가 주객사의 낭중을 살펴보니, 방물의 포장이 단단하게 되어 있으며 용무늬가 매우 아름다운 것을 보고는 매우 기뻐하는 기색이 있었다. 다만 표범 가죽에 푸른빛이 도는 부분이 있었는데, 제용감濟用監[37] 관원이 사행의 출발이 임박해서야 일을 처리해 가죽 삶는 일이 제대로 되지 않았기 때문이었지만 이를 문제 삼지는 않았다고 했다.

저녁 무렵 회랑 동쪽에서 얘기를 나누었다. 정암靜庵 조광조趙光祖[38]가 목숨을 마칠 때 옥졸이 목매달아 죽이려 하니 조광조가 이르길, "임금께서 끝까지 미천한 신하의 머리를 보전하고자 하시는데, 네가 어찌 감히 이럴 수 있느냐?"라며 독주를 더 마셨다. 이는 의연하게 죽으려는(結纓[39] 易簀[40]) 뜻이었다. 아! 이와 같은 분께서 이러한 지경에 이르러 오장육부가 녹아 종일토록 온몸에서 피가 나왔다고 하니 애통하지 않을 수 있겠는가.

영의정 정광필鄭光弼[41]이 바닷가로 귀양 갔을 때, 김안로金安老[42]가 사람을 시켜 "형세를 살펴보면 안타깝게도 공께서는 죽음을 면하기 어려울 듯하니, 자결하시느니만 못합니다"라고 말했다. 이에 정광필이 이르길, "천천히 임금의 명을 기다렸다가 처형 명령이 궁궐 앞에 높이 걸린 이후에 죽어도 늦지 않습니다"라고 말했다고 한다. 그의 올바름을 지키려는 것이 이와 같아 끝내는 죄를 면해 돌아갈 수 있었으니, 원성元城 유안세劉安世[43]의 죽음이 장돈章惇과 채변蔡卞 때문이 아니라는 것을 과연 알 수 있었다.

---

37 왕에게 올리는 직물, 인삼 및 왕이 하사하는 직물의 채색, 염색 등에 관한 업무를 담당하는 관청. 중국에 보내는 직물에 관한 일도 겸하고 있었다.

38 1482~1519. 조선 중기의 문신. 본관은 한양. 자는 효직孝直, 호는 정암. 중종 대에 도학 정치를 주창하며 급진적인 개혁 정책을 시행했으나 훈구 세력의 반발을 사서 결국 죽음을 당했다.

39 죽음의 자리에 처했을 때의 의연한 자세를 일컫는 말.

40 학덕이 높은 사람이 세상을 떠남.

41 1462~1538. 조선 전기의 문신. 본관은 동래東萊. 자는 사훈士勛, 호는 수부守夫. 1519년 기묘사화 때 조광조

구수담具壽聃[44]은 죽음에 임해서 자못 두려워하면서 평상시처럼 담담하지 못했다. 그의 아들 구영준具英浚은 아버지가 독주를 마시고 돌아가신 일을 한스럽게 여겨 평생 소주를 마시지 않았다고 하니, 애처로울 따름이다.

8월 11일, 맑음
북경(회동관)

비상砒礵과 소주를 반질 위에 발랐다. 반질 때문에 상사께서 좌담을 하시는데도 가서 참석할 수 없었다.

정응시가 와서 이야기하길, 어렸을 때 과업에 뜻을 두고 음주와 바둑 등을 일삼지 않아 문명文名을 이룰 가망이 있었는데 다른 사람 잘못 때문에 해석을 하는 시험에 들어갔다가 곤욕을 치렀다고 한다. 나는 "《맹자》에 '사람 가운데 덕과 지혜가 있는 사람은 항상 재난 속에 있다'는 구절이 있고, 또 '하늘이 장차 이 사람에게 큰 임무를 맡기려고 할 때는 반드시 먼저 그 신체를 굶주리게 하고 그 몸을 궁핍하게 하여 하는 일을 어지럽게 한 뒤에야 마음에 참을성을 길러, 할 수 없던 일도 할 수 있게 한다. 사람은 항상 잘못을 범하고 난 뒤에 고치게 되나니, 마음이 곤고해지고 걱정스러운 생각이 가슴속에 가득 걸린 뒤에야 떨쳐 일어나게 되는 것이다'고 말씀하셨습니다. 공께서 만약 이로 인해 떨쳐 일어나 쉬지 않고 면학한다면 결국 뜻을 세우게 될 것입니다. 그런즉 오늘날 욕을 당한 것이 이내 훗날 복으로

를 구하려다 영중추부사領中樞府事로 좌천되었다가, 1527년 다시 영의정에 올랐다.

42 1481~1537. 조선 전기의 문신. 본관은 연안延安. 자는 이숙頤叔, 호는 희락당希樂堂·퇴재退齋·용천龍泉. 기묘사화 때 조광조와 함께 유배되기도 했다. 공포 정치를 단행하였으며, 문정왕후의 폐위를 도모하다가 사사賜死되었다.

43 1048~1125. 북송의 관료. 자는 기지器之. 원성선생元城先生이라고도 일컬어졌다. 당시의 간신 장돈(1035~1105), 채변(1048~1117)의 모함으로 귀양을 간 후 자결을 강요받자, "임금이 죽으라고 명하면 곧 죽을 것이지만 자결해서 무엇하겠는가"라고 말했다는 고사가 전한다.

될 계기가 될 줄을 어찌 알겠습니까?"라고 했다. 정응시가 "공의 말씀이 정말 맞습니다. 제가 마땅히 지금부터 힘써 행하도록 하겠습니다"라고 했다.

중원에서 돈을 바치는 풍습에 대해 들었다. 이날 제독주사提督主事[45] 전공진錢拱辰이 생일 때문에 오지 않았다고 했다. 이 지역 풍속에 대해 들으니, 생일 때마다 반드시 돈꿰미[46]를 주며 축하하고, 만약 수재秀才 가운데 초시初試에 합격한 자가 있으면 그 현縣 사람들 가운데 돈꿰미를 가지고 가서 축하하지 않는 경우가 없다고 한다. 또한 향인鄕人에 대해서는 관에서 돈을 주어 문패門牌를 세우는데, 간혹 매우 가난했다가 나중에 부유하게 된 자도 있다고 한다. 황성皇城 안에는 문패가 하나도 없고 가패街牌[47]만이 있었는데, 천자께서 가까이 계시기 때문에 감히 문패를 세울 수 없기 때문이다.

8월 12일, 맑음
북경(주사청)

주사청主事廳에서 제독주사 전공진錢拱辰을 만났다. 주사에게 낭중을 볼 때와 같은 의례를 행했다. 주사가 예물을 받지 않았다.

상사께서 본인의 생신이라 중당에서 술자리를 베풀었다. 통사들과 압마관들에게도 술을 주라고 하셨는데 함께 고생했기 때문이다. 처음으로 열대 과일인 용안龍顔과 여지荔支를 맛보았다.

156

---

44 1500~1550. 조선 전기의 문신. 본관은 능성綾城, 자는 천로天老. 기묘사화 때 화를 당한 사림파의 서용敍用을 주장하다 파직되었다. 1548년 권신 이기李芑를 탄핵하다 갑산에 유배되었다. 을사사화 당시 영의정 유관柳灌을 변호했다 하여 양사兩司의 탄핵을 받고 1550년 사사되었고, 1567년(선조 즉위) 신원伸寃되었다.
45 제독회동관주사提督會同館主事의 약칭이다. 외국의 조공 사신단이 숙박하는 회동관의 관리를 위해 예부에서 주사(정6품) 1인을 파견하여 사신이 가져온 물건의 검열, 출입의 통제, 회동관 무역의 관리 등을 담당시켰다.
46 엽전을 꿰는 꿰미 또는 꿰어 놓은 엽전 뭉치를 이르던 말.
47 문門의 형식으로 만들어 놓은 길의 이정표.

허봉의 시를 보았다.

塞外秋風起 새외 변방에서 가을바람 불어와

疏楡落漢關 느릅나무를 거쳐 중국 변관에 이르네

旅遊悲上國 나그네는 중국에서 서러워하는데

寒日照西山 차가운 햇살은 서산을 비추는구나

鬢染新霜白 귀밑머리는 새로 내린 서리처럼 하얗게 물들고

衣鎖舊彩斑 옷은 오래된 무늬로 알록달록하네

憐君不得意 임금을 그리워하는 마음 가눌 수 없는데

衰草伴愁顔 시든 풀만이 근심스런 얼굴을 따르는구나!

이에 내가 다음과 같이 화답했다.

五月離金浦 오월에 김포를 떠나

窮秋走帝關 한가을에 황제의 궁궐에 도착했네

凄風胇百卉 서늘한 바람이 풀잎을 베어 오는데

歸路隔千山 고향까지는 수천의 산이 가로막고 있구나!

夢罷魂頻駭 무서운 꿈에 혼백이 여러 번 놀라니

愁深鬢欲斑 깊은 근심에 머리털 희끗희끗해지려고 하네

白雲思莫極 하얀 구름처럼 생각은 끝없이 펼쳐지고

何日慰親顔 어느 날에 부모님을 만날 수 있을까

또 다음과 같이 화답했다.

薊路秋爲客 계주의 가을은 손님처럼 낯설고

燕雲畫閉關 한가로운 연경에서는 낮에도 관문을 닫는다

風高墻外樹 담장 밖 나무로 바람이 높이 부니

念切海東山 해동의 산천 생각이 더욱 절실해지는구나!

聽雁愁天遠 기러기 소리를 듣자니 수심이 하늘 멀리까지 퍼지고

倚閭懼鬢斑 어머님이 애타게 기다리실 텐데 흘러가는 세월이 두렵구나

何當歸有日 돌아갈 날이 분명히 있을 테니

儺佩動歡顔 섣달에는 기쁜 얼굴로 바뀔 것이지

주사의 하인이 반송사를 괴롭히며 선물 명목으로 물건을 강제로 빼앗는 것을 보았다.

상서 고의高義가 먼 곳에서 온 사신들을 잘 대접한다고 들었다. 당상을 뵙는 날에 바로 상賞을 수령하게 하고 하직 인사 일자를 손수 정하므로 하리들이 감히 간여할 수 없었다.

8월 13일, 맑음

자금성(조천궁 → 역대제왕묘 → 서성궁)

새벽에 궐문을 지나 조천궁朝天宮[48]에 도착했다. 궁은 성안 서북쪽 구석에 있었는데, 천신天神이 사람의 형상을 닮았다.

성절하례聖節賀禮[49]를 연습할 때 문반은 동쪽에, 서반은 서쪽에 자리를 잡고 길복吉服을 갖추어 입었다. 양관梁冠[50]의 경우 1품은 5량梁, 2품은 4량이었으며 홀笏에도 등급이 있다. 위엄 있는 의식이 볼 만했다. 의례를 연습할 때 감생監生[51]들이 반열에 있었으니, 정양靜養[52]하는 도리가 아니었다. 그리고 도사道士와 승도僧徒가 함께 서 있었는데, 그들은 친부모를 버렸으니 어찌 군주를 중하게 여기겠는가! 달자 중에서 조공하러 온 자들도 서정西庭에 함께 가서 의례를 익혔다.

정각井閣에서 휴식을 취했다. 우물 위에 각閣이 있었는데 가운데를 비워 놓고서 하늘의 비를 받았다.

역대제왕묘歷代帝王廟를 보니, 상고 때부터 원 세조世祖까지는 아래에 있어야 하는데도 아래에 있지 않았다.

서성궁西成宮[53]도 보았다. 서성궁은 가정 황제께서 계셨던 곳이다. 궁성 밖에는 큰 절이 많았는데, 두 곳에서는 붉은 깃발을 크게 펼쳐서 걸어 놓았다. 깃발에 적혀 있기를, 어떤 중이 황제의 명령을 받고 건물을 지었다고 하는데, 어찌 천자께서 중을 위해 절을 지으라고 성지를 내리셨겠는가? 이처럼 풍속이 망령되었다.

---

48 선덕宣德 연간(1426~1435)에 건립된 도교 사원.
49 황제의 생일인 성절을 축하하기 위한 예식. 조헌 일행은 이 행사에 참여하기 위한 목적으로 북경에 왔다.
50 원단元旦, 국경일, 대제례大祭禮, 조칙詔勅의 반포, 진표進表 시에 백관들이 조복朝服·제복祭服에 착용하는 관.
51 중국에서 국자감國子監에 부속된 대학大學의 학생을 이르던 말.
52 몸과 마음을 편하게 하여 피로나 병을 요양하는 것.
53 서원西苑 근처에 있던 궁으로, 그 주변에는 만춘궁萬春宮이 있었던 것으로 추정된다.

8월 14일, 맑음
북경(조천궁)

조천궁에서 다시 하례를 연습했다. 상사께서는 병 때문에 참석하지 않았다. 새벽녘에 장안 시가市街를 지나갔다. 곳곳마다 등을 밝혀 놓고 음식과 의자를 벌여 놓았는데, 관대冠帶를 갖춘 조정의 신하(朝士) 중에 돈을 내고 들어가서 식사하는 사람이 있었다. 바로 달자였다. 서번 사신도 모두 와서 예식을 연습했다. 유생 하나가 열 살 남짓한 아이를 데리고 와서 알현했다. 삭발한 머리 위에 유관을 쓰고 몸에는 작은 남색 적삼을 입었는데 우스웠다. 유생 수십 명이 앞 다퉈 와 둘러싸고 대화를 나누고자 했지만 북이 울리며 반열을 재촉하기에 뜰 안으로 들어가 예식을 행했다. 서번 사신들은 중〔按 빠진 글자가 있는 듯하다〕머리를 하고 아랫도리는 입지 않았다.

8월 15일, 맑음
북경(회동관)

정응시가 이야기하길, "매일 반찬을 덜어 보내 주시니 공께서는 무엇으로 식사를 하십니까?" 했다. 나는 "조정에서 광록시로 하여금 날짜와 사람을 헤아려 양식을 보내고 찬을 주게 한 것은 우리만 풍성한 찬으로 입맛을 맞추라고 한 것이 아니다. 필시 먼 길을 온 사람들 위아래 모두 황제의 은혜를 입도록 하고자 한 것일 터인데, 그대들만 전혀 그 맛을 보지 못하고 나 혼자만 이 풍성하게 차린 음식을 달게 여긴다면 어찌 마음이 부끄럽지 않겠는가. 이러한 까닭에 내가 그대들에게 의지하여 음식을 탐내는 잘못을 면하고자 한 것이네"라고 답했다.

정응시가 또한 "서반과 관부 등이 선물(人情)을 강요하는 일이 그치지 않습니다. 반송사들은 일찍이 요동에 있을 때 수많은 통사를 침해하고는 또 도중에 음식을 차려 놓고 돈을 요구하거나, 싼값에 털모자를 사와서 통사들에게 나누어 준 뒤 각각 은 한 냥씩을 내게 하기도 했습니다. 또 닭고기와 술을 각 방마다 집어넣고 은 세 냥씩을 내놓게 했습니다. 그 속내가 무엇이겠습니까!"라고 했다.

나는 "나도 들었다. 통사들의 말에 따르면 비단 반송사들이 통사들을 침해하는 것뿐만 아니라 요동 도사가 반송사들에게 침책侵責⁵⁴하는 일은 더욱 심하다고 한다. 매번 하직 인사하는 날에는 요동 도사 진언 등 세 명의 대인이 관대와 원령圓領, 답호褡襪,⁵⁵ 화자靴子⁵⁶ 등을 주면서 '네가 북경에 다녀오니 각기 새롭고 좋은 것으로 구해서 오라'고 말한다고 한다. 그런 까닭에 반송사들이 통사를 침해하면서 말하길 '네가 나에게 주지 않으면 내가 어찌 이 물건들을 구비할 수 있겠는가? 부득이 이와 같이 하는 것이다'고 한다더라" 했다.

이어서 탄식하며 "저 도적 같은 녀석들이 수레가 많은 것을 보고는 인정人情을 토색질하는 것이다. 이 지역 역참에는 모두 행삼좌오行三坐五〔들렀다 가는 자는 점심만 먹을 뿐이라서 3승升의 양식을 주고, 숙박하는 자는 두 끼에 의

---

54 물품을 거둬들이거나 업무를 할 때 트집을 잡아 술이나 돈을 요구하던 일.
55 철릭 위에 입었던 소매 없는 겉옷.
56 목이 긴 장화 같은 신발.

례히 5승을 주며, 두 사람당 닭 한 마리를 주는 규칙이다)의 규정이 있으니, 만약 우리가 역에서 주는 음식을 잘 찾아 먹는다면 강을 건넌 이후에 많은 사람의 식량을 덜어 내고 예비로 100자루만 싣고 오면 될 것이니 수레도 많지 않을 것이라 저 녀석들이 어찌 차마 침해하겠는가?"라고 했다.

"상사와 서장관께서도 역로에서 제공하는 양식을 드실 수 있겠습니까?"라고 물으니 "상사도 역시 사람의 입일진대 그 입맛이 어찌 다르겠는가? 만약 부득이하다면 상사와 서장관의 양식과 반찬만을 준비하고 서장관과 상사 몫으로 나오는 역참의 양식은 반송사에게 지급해 먹게 하며, 군관과 통사는 각기 황제의 조정에서 준비해 준 양식을 먹게 하면, 우리나라 각 관리들에게서 있어서는 양식을 옮기며 발생하는 폐단이 없어질 것이고 중국의 역참에서도 아이까지 팔아 수레를 빌려야 하는 근심이 없어질 것이다"라고 했다. 일전에 듣기로는 예전에 사행단이 행차할 때 수레 제공을 책임진 민가가 있었는데 그 비용을 준비하기 어려워지자 딸아이를 팔아 값을 치르고, 뒤에 가던 통사가 다시 그 집에 수레를 독촉하자 '일찍이 고려 사신이 지나갔기 때문에 아이를 팔아 수레를 빌렸는데, 지금은 도대체 무엇으로 수레를 빌리겠습니까?'라고 했다고 한다.

황제께서 하정으로 양 일곱 마리, 거위 아홉 마리, 닭 아홉 마리, 쌀 여덟 섬〔한 섬은 열 말〕, 술 97병, 숯 55포, 땔나무 200근, 다식茶食[57] 두 말, 채소 기름(菜油), 찻잎, 소금과 간장을 내려 주셨다. 송대춘이 예의상 마땅히 관대를 갖추고 배하여 황제의 하정을 받아야 한다고 아뢰었다. 상사가 "누가 전에 없던 관례를 시작했느냐?" 하니 "참판 이후백李後白[58]입니다"라고 답

---

57 다식은 곡물의 가루를 조청 등에 반죽해 만드는 과자의 일종이다. 여기에서 수량이 말斗로 되어 있어 다식용 곡물 가루를 뜻하는 것으로 보인다.
58 1520~1578. 조선 중기의 문신. 자는 계진季眞, 1575년(선조 8) 주청사로 명나라에 다녀왔다.

했다. 상사가 몹시 화를 내며 서장관에게 의논하도록 했는데 서장관이 감히 그 뜻을 거스르지 못하자, 상사가 다시 꾸짖으며 "너는 어찌하여 매번 새로운 예법을 가지고서 나를 번거롭게 하느냐?" 하고는 끝내 드러누워서 하정을 받고 곧바로 보잘 것 없다고 여겨 치워 버렸다.

8월 16일, 맑음
북경(회동관)

회동관에서 연회를 베풀었는데 예부상서 만사화萬士和[59]가 접대했다. 회동관 연회 때 동쪽 행랑에 앉아 있는데 제독이 차를 보냈다. 잠시 후 광록소경光祿少卿이 찬을 차리는 것을 살펴보러 왔다. 제독이 광록소경을 당堂의 처마 아래서 맞이하고는 읍을 했고, 서반 등은 월대 아래서 지영祗迎·지송祗送[60]했다. 광록소경이 나가려고 하자 낭중 등이 잇달아 서서 읍을 하며 전송했다. 말을 타는 곳(대문 안 뜰 가운데)에 이르러서 낭중이 다시 세 번 읍을 했고 소경이 들어가라고 청했으나 사양했다. 낭중이 처마 밑으로 돌아가자 소경이 말을 타고서 다시 채찍을 들어 읍을 하고서는 나갔다.

잠시 후 상서가 왔다. 우리는 남쪽부터 순서대로 서서 뜰 가운데서 지영했고 낭중은 계단 위에서 영접했다. 상서는 서반들이 맞이하는 곳에 이르러 가마에서 내려 낭중이 읍을 하고 있는 쪽으로 살짝 읍을 하고 들어왔다. 그러고 나서 뜰 위로 나와 우리와 함께 서쪽을 향해 일배삼개두一拜三 **163**

59 생몰년 미상. 명나라 중기의 문신. 자는 사절思節, 호는 복암履菴, 만력 연간(1572~1620) 초에 예부상서에 기용되었다.
60 황제, 국왕 및 상급 관원에 대해 의식을 갖추어 맞이하고 환송하는 일.

磕頭를 하고 다시 한 번 읍을 했다. 상서는 당 가운데에 있는 의자로 가서 앉았고, 우리는 기둥 안쪽으로 들어가 두 번 절하고 자리로 가서 앉았다〔상사가 동쪽에 앉고 서장관과 질정관은 서쪽에 앉았다. 군관과 종사관은 계단 위쪽에 앉았다. 노비들은 아래쪽에 앉았다〕.

탁자 앞에는 안주와 찬이 차려져 있었는데 조俎[61] 위에는 생고기를 올려놓았으며 음식의 가짓수가 무척 많고 사치스러웠다. 앞에서는 여러 공연(雜戱)이 솜씨 있게 펼쳐졌다. 상서 앞에는 광록시 관원 네 명이 나누어 서 있다가 술이 나오자 앞에 올려 두고서는 읍을 했다. 상서는 손을 들어 가볍게 읍을 했다. 찬을 올릴 때도 이와 같았다. 북 치는 사람이 상서 앞에 나아가 북을 세 번 치자 이에 상서가 술잔을 잡았다. 다시 세 번 치자 젓가락을 들었다. 번갈아서 펼치는 놀이는 어린아이들이 눈 가리고 숨바꼭질하는 모양이 아니면 모두 오랑캐와 한인이 서로 교전하는 모습으로 전부 정악正樂이 아니었다(干羽之舞[62]). 아홉 잔 올리기를 마친 뒤 광록시 등의 관원이 일제히 읍을 한 후 나가고 하인들은 각기 그릇에 찬을 담아 집으로 돌아갔다. 상서와 우리도 뜰 가운데로 내려가 대궐을 향해 일배삼고두를 했다. 다시 상서에게 재배한 뒤 물러 나왔다. 상서가 나갈 때는 영접했던 의례와 같이 전송했으나 다만 북쪽으로부터 차례로 섰다. 낭중이 함께 가마를 타는 곳에 이르자, 상서가 사양하고서 가마에 올라타니 낭중은 읍을 하고 상서는 살짝 읍을 했다.

164

---

61 제사 등의 의례를 행할 때 희생물(고기)을 올려놓는 대臺.
62 무무武舞(무관을 묘사한 춤)를 추는 사람이 손에 드는 방패와 문무文舞(문관을 묘사한 춤)를 추는 사람이 손에 드는 새의 깃. 따라서 무무와 문무를 일컫는 말.

8월 17일, 맑음
북경(자금성)

황상께서 조회 때 황극전皇極殿[63]에 앉아서 성절하례를 받으셨다. 서둘러 장안문에 가서 통정문으로 들어가 문 안쪽에 앉아 날이 밝기를 기다렸다. 환관 몇이 다가와 말을 나누려고 했으나 대화를 할 수 없다고 했다. 또 유생 넷이 와서 "고려인입니까?" 하고 물었다. 나는 "어째서 매번 고려라고 말하는지요? 고려는 우리 지역의 전대前代 명칭입니다. 지금은 조선이라고 하는데 이것은 명나라에서 정해 준 국명이기도 합니다"라고 했다. 이어서 유생이 "당신 나라의 사인士人은 또한 하나의 경서만 공부합니까?"라고 물었고, 나는 "삼경三經을 공부합니다"라고 답했다. 또 "육경六經이 있습니까?" 하길래, "있습니다. 《시경》과 《서경》에 대해서는 사람들이 배우지 않은 경우가 없으며, 《역경》, 《춘추》, 《예기》, 《주례》는 스스로 하나를 선택해 읽습니다"라고 했다. 환관 하나가 내가 꼿꼿이 앉아 있는 것을 기이하게 여겨 속이기를, "당신 사모紗帽에는 왜 연각軟脚[64]이 없습니까?"라고 했다. 내가 속임을 면치 못하고 손으로 사모를 어루만졌더니 그가 크게 웃으며 가 버렸다. 성품이 남을 속이는 데는 약삭빠르지만 그것이 자기를 속이는 것임을 알지 못하고 있다. 생각건대 조고趙高[65]의 습성은 이러한 속임수를 키워 사슴을 가리켜 말이라고(指鹿爲馬) 하는 데까지 이르게 된 것이니, 환관을 부릴 때 신중하지 않을 수 있겠는가!

새벽 무렵 반열과 서차가 정해졌다. 닭이 울 때쯤 관원이 문소각文昭閣[66]에 **165**

---

63 오문을 지나면 나오는 전각이다. 조회를 보는 정전正殿으로 청대에는 태화전太和殿이라 했다.
64 사모 뒤의 날개.
65 ?~기원전 207. 진나라의 환관. 시황제가 죽자 승상 이사李斯와 짜고 시황제의 장자 부소扶蘇를 죽이고, 둘째 아들 호해胡亥를 황제로 삼았다. 그 뒤 다시 호해를 죽이고 부소의 아들 자영子嬰을 황제로 즉위시켰고, 자신은 정승이 되어 권력을 휘두르다 자영에게 일족이 살해당했다. 부소를 속일 때의 일화가 '지록위마'라는 고사가 되었다.
66 황극전 앞 광장 동쪽에 위치한 전각으로 문루文樓라고도 한다. 청나라 때에는 체인각體仁閣이라 했다.

◉ 만력제

서 시각을 알리며 소리치기를, "아~ 해가 떴다. 아~ 사방을 밝힌다. 아~ 만방을 비춘다"라고 하자, 황제께서 황극전에 앉으셨다. 너무 멀어서 바라볼 수 없었다. 명편鳴鞭[67]을 세 번 울리자 모든 신료가 줄을 맞추어 네 번 숙배肅拜하고 모두 궤했다. 명찬鳴贊이 축하 표문을 황극전 위에서 소리 높여 읽었다. 또 명찬 하나가 계단 위에서 여전臚傳[68]하니 천관이 모두 궤한 후 사배四拜를 했다. 또 "진홀搢笏",[69] "무도舞蹈",[70] "궤跪", "진홀", "산호山呼"[71]를 창창唱하고 끝마쳤다. 부복했다가 일어난 뒤 다시 사배를 하고서 나왔다. 각로閣老 이하부터 육부六部와 한림관까지는 모두 순서대로 나갔는데 눈을 다른 곳으로 돌리지 않았으며 걸음걸이가 정연하고 신속했다. 잡관 등은 그 차례를 알지 못해 한꺼번에 같이 나갔다. 우액문右掖門을 나서서 오로五輅[72]가 나가는 것을 보았는데, 모두 코끼리에 멍에를 걸고 있어서 매우 웅장했다. 비록 금은으로 장식하기는 했지만 수류垂旒[73]와 잡채雜彩[74]는 없었다. 광록시 주방에 도착해 술과 식사를 대접받았다. 어떤 미친 녀석이 음식을 치워 버리다가 벌을 받았다. 이날 서정西庭에 있던 자들 중 달

---

67 귀인이 길을 다닐 때, 벼슬아치 앞에서 길을 치우며 안내하는 갈도喝道가 채찍을 들고 총총걸음으로 잡인雜人의 통행을 통제하던 일.

68 위에서 아래로 말을 전하는 일.

69 홀笏은 조복의 대帶 등에 꽂는 것.

70 조회 때 신하가 임금 앞에서 행하는 의례 절차의 하나로 손을 휘두르고 발을 구르는 형태를 취함.

71 의식에 황제 및 국왕 등의 장수를 축원하기 위해 두 손을 치켜들고 만세 또는 천세를 외치던 일.

72 천자가 타는 다섯 종류의 수레. 옥로玉輅, 금로金輅, 상로象輅, 혁로革輅, 목로木輅.

자는 간혹 변발을 했는데, 위쪽에 머리털을 조금 남기기도 했다. 서번인은 머리털을 바싹 깎고 하의를 입지 않았다. 라마국[75] 사람은 승려의 모습에 호복胡服을 입고 있었다.

8월 18일, 맑음
북경(자금성 오문 → 예부)

예부상서와 함께 오문 밖에서 사은謝恩했다. 오배삼개두를 했는데, 황제께서 베풀어 주신 하정과 하마연에 대한 사은 때문이었다. 서번 역시 서정에서 사은했다.

예부에 문서를 올릴 때 예부 관청의 뜰에서 재배하려고 하는데 상서가 그만두게 해서 배읍拜揖만 하고 나왔다. 남쪽 회랑에서 상서와 시랑이 조선에서 올린 문서를 돌아가며 보고는 홍순언을 가까이 오게 하여 말하길, "이 일은 이미 문서로 제출했으니 다시 올릴 필요가 없다.《회전會典》이 완성되기를 기다린다면 반드시 너희들의 바람을 이룰 수 있을 것이다"라고 했다. 홍순언이 고두하고서 나왔다. 이날 우시랑右侍郎이 도착했을 때 낭관은 별달리 지영하지 않았다.

73 면류관 전후에 드리운 구슬 줄.
74 다양한 색깔의 장식.
75 라마교를 숭상하는 지역을 말하여 대개 서장西藏의 정치 세력을 뜻한다.

8월 19일, 맑고 바람

북경(회동관)

홍순언이 제독에게 다음과 같은 문서를 보냈다(致詞[76]). "문서를 올립니다 (呈文).《회전》중에서 혹시 기록하지 않을까 봐 다시 문서로 올려 주실 것을 요청합니다"라고 했다. 제독이 말하길, "이전에 올린 문서가 이미 내려왔으니, 가령 1~2년 사이에《회전》이 완성되면 비록 다시 문서를 올리지 않아도 반드시 참작해서 기록할 것이다"라고 했다.

8월 20일, 맑음

북경 자금성(문묘 → 국자감)

국자감에 갔다. 국자감은 황성 동북쪽 모퉁이, 북문 안에 있다. 국초國初에는 원나라 당시의 옛터에 그대로 있었는데, 정통正統 연간(1427~1464)에 이현李賢[77]이 황제께 아뢰어 이곳으로 옮겨 지었다. 황제께서 손수 쓰신 비문이 뜰 가운데에 있다.

　문묘에 참배했다. 뜰에서 사배하고 동쪽 모퉁이 작은 계단으로 올라가서 동편 소문小門으로 들어가 위판位版을 우러러 보니, 궤橫는 없었고 오층으로 조각된 대臺가 있었다. 위판의 높이는 1척 2촌가량 되었으며, 너비는 겨우 2촌 남짓이었다. 공자의 위판은 붉은색으로 칠했고 금색으로 "지성

168

76　경사가 있을 때에 임금께 올리는 송덕頌德의 글.
77　1408~1466. 명나라의 문신. 자는 원덕原德. 청렴하고 강직하여 보기 드문 명신으로 인정받음.

선사공자위至聖先師孔子位"라고
쓰여 있었다. 안자顔子[78] 이하의
위판은 붉은색을 칠하고 검은
색으로 "선현모자지위先賢某子
之位"라고 쓰여 있었다. 십철十
哲[79]은 염옹冉雍[80]을 맨 윗자리
로 하여 "선현염옹지위先賢冉雍
之位"라고 이름을 직접 썼으며,
동서로 종사從祀했다. 공양公羊
과 곡량穀梁 이하는 "선유공양
고지위先儒公羊高之位"라고 했

⊙ 19세기 후반 국자감 모습
국자감은 원·명·청 3대의 국가 최고 학부였다.

다. 거백옥蘧伯玉, 공백료公伯寮, 유향劉向, 마융馬融, 순황荀況, 두예杜預, 왕
필王弼, 대성戴聖, 왕숙王肅, 오징吳澄 등은 모두 반열에 없었는데, 가정 연
간에 전부 내보냈기 때문이다. 새로 추가된 사람은 호원胡瑗, 구양수歐陽脩,
육구연(육상산), 설선薛瑄이다. 양시楊時는 장식張栻의 아래에 있었고, 여조
겸(동래선생)은 진덕수眞德秀의 아래에 배열되었다. 그 차례는 모두 별지別紙
에 적었다. 신위 앞에는 각각 향로 하나씩을 두었으며, 모든 위판마다 소
각小閣을 만들어서 봉안했다.

관람을 마치고 대문으로 내려가 주선왕周宣王[81] 때의 석고石鼓[82] 열 매枚
를 보았다. 문 안쪽에 배열해 놓았는데 옛 글자가 새겨져 있었으나 떨어져
나가(缺落) 알아보기가 어려웠다. 또 그 내용을 풀어 놓은 소석小石이 있었

169

---

78 기원전 521~?. 춘추시대 노나라의 학자이자 공자의 수제자인 안회顔回를 높여서 부르는 말.
79 공자의 제자 가운데 뛰어난 열 사람. 안회, 민자건閔子騫, 염백우冉伯牛, 염옹冉雍, 재아宰我, 자공子貢, 염구
  冉求, 자로子路, 자유子游, 자하子夏를 가리키는 말. 공문십철孔門十哲, 사과십철四科十哲이라고도 한다.
80 기원전 522~?. 춘추시대 노나라의 학자. 십철의 한 사람으로, 덕행이 뛰어나고 예를 강조했다. 공자로부터
  한 나라를 다스릴 만한 인물이라는 평을 받기도 했다.
81 주나라의 11대 왕, 재위 기원전 827~782.
82 주나라 때 북 모양으로 만든 돌 조각.

는데, 상사가 탁본해서 가지고 오게 했다.

유생儒生 양수중楊守中은 순천順天 고순현高純縣 사람이다. 그에게 왕양명의 일을 물으니 "양지良知를 지나치게 주장하니 결단코 위학偽學입니다"라고 답했다. 어떤 유생이 "당신 나라에도 연호가 있는가?"라고 묻기에, 내가 "하늘에는 두 개의 해가 없고 백성에게는 두 임금이 없는데, 작은 나라(小邦)에 어떻게 연호가 있겠는가?"라고 답했다. 또 다른 유생이 "너희 나라에 안자의《중용》이 있는가?"라고 묻기에 "여기에 그것이 있는가?"라고 했다. 만일 나로 하여금 오래 머물게 한다면 진실로 그 책을 소유하게 되리니, 후학에게 얼마나 다행이겠는가? 한 유생이 쥐고 있던 부채를 교환하려 했는데, 옆에 나이든 유생이 재빨리 빼앗아 부채를 바꾸고는 이내 강제로 내 이름을 적게 했다. 문밖에 긴 행랑이 있었는데, 행랑 가운데는 각 연도별 진사의 이름을 새긴 비석이 서 있었다.

이륜당彛倫堂[83]의 대문으로 들어갔다. 문 위에는 '태학太學'이라고 편액되어 있었고, 문 안쪽에는 동호東號·서호西號라고 쓰인 건물이 있었으며, 방 안에는 상과 탁을 두었으나 구들은 없었고 유생도 살지 않았다. 동○, 서○. 유생에게 "이륜당의 벽에 어째서 선현이 훈계하신 말씀이 없습니까?" 하고 물으니, "뒤쪽에 있습니다"라고 말하며 후문으로 이끌고 들어갔다. 문 자리 뒤에 큰 글씨로 '군사부君父師' 세 글자가 쓰여 있었고, 그 아래에 '삼재지도三才之道', '사덕지용四德之用', '오상지○五常之○', '육경지문六經之文'이라고 쓰여 있었다. 경일정敬一亭[84]에 이르니 과연 사물잠四勿箴, 심잠心箴[85]과 각 왕조의 어제御製〔희미해서 보기 어려웠다〕와 가정 황제가 지은 경일잠敬一箴이 새

83 국자감의 정당.
84 국자감의 우두머리인 제주祭酒의 집무실로 사용되던 건물.
85 정자程子의 사물잠四勿箴과 범준范浚의 심잠心箴.
86 공자 등 다섯 성현의 아버지를 모신 사당.
87 공자의 아버지.
88 안자의 아버지.
89 증자의 아버지.

겨진 비가 있었을 뿐이었다. 스승과 학생이 바라볼 수 없는 막힌 장소에 훈계의 문구를 두었으니, 장차 어떻게 학문을 가르쳐 마음과 눈을 경계하겠는가? 과연 중국 사람들이 유학을 숭상하지 않는다는 것을 알겠다.

계성묘啓聖廟[86]에 들어가니 계성공啓聖公 공씨孔氏[87]의 위판이 북쪽에 있었고, 선현인 안무요顔無繇,[88] 증석曾晳,[89] 공리孔鯉,[90] 맹손씨孟孫氏[91]가 차례로 배열配列되어 있었다. 동무東廡[92]에는 정향程珦[93]과 채원정蔡元定[94]이, 서무西廡에는 주송朱松[95]이 있었는데 모두 위판에 '선유先儒'라고 써 놓았다. 또 명도당明道堂이 있었는데 가려고 했으나 체력이 부쳤다. 대저 기숙사는 황량하고 사이사이에는 퇴락한 곳이 있었으며 뜰에는 풀이 무성하여 매우 한탄스럽고 속상했다.

계성묘에서 나와 이륜당 동쪽 협실에 가서 앉았다. 국자감생 10여 명과 동석했다. "좨주祭酒[96]가 오면 유생들은 어떠한 예로 그를 알현합니까?"하고 물으니 "뜰에 나누어 서서 사배례를 행합니다"라고 했다. "초하루와 보름에는 어떠한 예를 사용합니까?" 하고 물으니 "초하루와 보름에는 한 번 궤하고 두 번 읍합니다"라고 했다. "평소에는 무슨 예를 사용합니까?"하고 물으니 "월대 위에 나누어 서서 한 번 읍하고 물러납니다"라고 답했다. "며칠에 한 번 옵니까?" "날마다 와서 자리합니다. 좨주가 오면 사업司業[97]은 마땅히 좨주에게 가서 사배하고 좨주는 배로 답하고 ○ 읍을 합니다. 조교助敎 이하는 처마 밖에서 배하며, 좨주는 읍揖으로 답합니다"라고 했다. 의문스러운 의례들을 물으니 "천자가 아니면 예를 논하지 못합니다"라며 겸손히 피하는 것이 매우 지극했다. 그렇지만 필묵을 주니 떼를 지어 와서 다

---

90 전국시대 노나라의 유학자인 자사子思의 아버지.

91 맹자의 아버지.

92 동무와 서무는 문묘 안 동쪽과 서쪽에 있는, 여러 유현의 위패를 나누어 모신 행각이다.

93 정자의 아버지.

94 1135~1198. 송나라의 유학자.

95 주자의 아버지.

96 좨주는 원래 중국 고대 시기 신神에게 제사를 지낼 때 술을 올리는 일을 담당한 연장자를 뜻했다. 한나라 이

투며 마치 받지 못할 것을 염려하듯이 했다. 이른바 날마다 권강勸講[98]하며 가르친다는 자들이 어찌된 일인가? 그중 나이든 유생 두셋은 다투는 것을 부끄러워했으나 금지시키지는 못했다. 유생들은 빼앗아 간 뒤에 도리어 감사하며 읍했다.

대흥현大興縣의 패방牌坊[99]〔성에는 두 개의 현縣이 있다〕, 어마감御馬監[100]을 거쳐 돌아왔다. 어마감에는 세 곳에다 말꼴을 산처럼 쌓아 놓았다. 사옥시司獄寺를 거쳐 황성 동쪽 담장 아래를 따라 회동관으로 돌아왔다. 여인이 탄 대나무 두자兜子[101]를 보았는데, 두 사람이 그것을 메고 있었다.

8월 21일, 맑음
북경(회동관)

쌀 세 자루를 종인에게 주었다. 내가 여행 식량 중 일부를 덜어 양식을 남긴 것은 옷을 사 추위에 대비하기 위해서인데, 양식을 담당하는 자가 통사의 물건에서 징수해 주겠다고 했다. 통사가 수레를 맡아서 올 때 사람이 타지 않은 수레에서 물건이 없어지는 것은 그들이 직접 확인할 수 없기 때문에 그러한 애매한 상황을 두려워한다. 일찍이 아버지에게 드릴 양구羊裘[102]를 사고 돈이 남으면 내 옷도 사려고 했다가 의리에 어긋난 짓임을 생각해 통사에게 거두어들이지 못하게 하고서 내 옷 값을 감해 주었다. 경의輕裘[103]를 입으려던 생각이 싹 사라졌다.

172

후에는 박사좨주博士祭酒를 두어 박사직의 수장으로 삼았고, 서진西晉 때는 국자좨주國子祭酒를, 당나라에서는 국자감좨주를 설치하여 국가 최고 교육기관인 국자감을 담당하게 하였다.
97 국자감에 소속된 관원 중 하나로 좨주를 도와 유학자들을 훈도하는 업무를 담당하였다. 종4품이다.
98 임금을 모시고 경전을 강의함.
99 문짝이 없는 대문 모양의 건축물.
100 명나라 때 환관이 책임자로 있는 12감監 중 하나로 황제의 이동과 관련된 물품 및 병부의 부절符節을 담당하였다. 이 밖에도 황실의 재정을 관리했기 때문에 권한이 매우 많았다.

안정란이 아침에 와서 "어제 가지고 갈 수 있는 짐바리를 늘려 달라고 서장관께 간청드렸더니 의논해서 결정하겠다고 하셨습니다. 바라건대 함께 의논하실 때 추가해 줄 것을 권유해 주시어 곤궁한 처를 구휼할 수 있도록 해 주십시오"라고 말했다. 내가 전에 왔던 서장관은 어떻게 했는지 물었더니, 안정란이 "좌랑 유성룡, 수찬 윤탁연이 왔을 때는, 수행하는 통사가 수레와 말을 독촉해야 하는 수고를 고려해 으레 그 짐바리의 숫자를 더해 주셨습니다"라고 했다. 수레를 모는 사람은 주방에서 먹지도 못하는 반면 수행원은 모두 주방에서 식사를 한다. 그렇지만 수레를 재촉하는 일이 있다고 하더라도 또한 그 직분상 마땅히 해야 하는 것이지 수레를 모는 자에게 큰 공이 있는 것이 아니다. 사람은 모두 가까운 사이임에 기대어 나라에서 금지하는 일을 대충 처리하려고 한다. 털끝만치도 의리에 벗어난 일을 남에게 말하는 것은 내가 원하는 바가 아니라 "서장관께서 어찌 내 말을 기껍게 듣고서 의롭지 않은 일을 하시겠는가?"라고 대답했더니, 안정란이 바로 가 버렸다. 아! 안정란과 홍순언은 글을 읽는 사람인데도 오히려 이와 같구나!

8월 22일, 맑음
북경(회동관)

쌀 여섯 자루로 양구를 샀는데 가볍고 따뜻해 병든 아버지께 안성맞춤이   **173**

---

101   덮개가 없고 의자 형태로 생긴 탈것.
102   양가죽으로 만든 옷.
103   가벼운 가죽옷.

라고 생각하니 오히려 기분이 좋아졌다. 또한 벼루 하나, 지권紙卷과 유지 油紙로 심의포深衣布[104] 세 단段을 샀다.

송대춘이 와서 "저만 제 돈을 썼습니다"라고 했다. 송대춘에 따르면 여정 중에 남에게 빼앗기다시피 하여 다른 사람으로부터 빌려다 준 것이 벼루 스무 대臺, 쌀 스무 자루에 이르고, 스스로 내준 은과 부채도 그 수가 얼마나 되는지 모른다고 한다.

저녁에 양주 목사들의 선정에 대해 들었다. 유연兪淵이 말하길, "정응규鄭應奎가 양주 목사가 되었을 때, 온화하게 백성들을 아끼고 명백하게 살펴서 서리들을 단속했습니다. 환곡을 나누어 줄 때마다 쌀가마를 가져다 그 수를 헤아려 줄어든 숫자를 곡식 창고 담당 서리에게 징수했더니 창고의 서리가 쌀가마를 쌓을 때 매우 신중해져 감히 농간을 부리지 못했습니다. 이후에 장부의 숫자와 실제 수량이 일치하니 백성들이 아주 편안하게 여겼습니다. 그러나 목장을 개간하는 일 때문에 파직당했습니다. 양주 백성의 상당수가 서울에 올라와 목사를 유임시켜 달라고 청했지만 결국 그리 되지는 못했습니다. 이헌국李憲國이 목사가 되었을 때는 세금을 공평히 하되 권력자들을 봐주지 않아 재상 가운데 그를 미워하는 자가 많았다고 하는데, 이 또한 공론公論에서 나온 것입니다"라고 했다.

북쪽에서는 군역軍役이 힘들다고 한다. 우리나라에서 평안도와 함경도 병사들에게 납의衲衣[105]를 내려 주었을 때, 각 진鎭의 장수들은 직접 살펴보지도 않고 전부 진무鎭撫[106] 등에게 주었다. 부유한 자들은 미리 진무에게 뇌물을 주고 헤진 옷을 입고서 장수에게 하소연하면 진무가 이를 아뢰

---

104 유학자의 법복法服으로서 의衣와 상裳을 따로 재단하여 허리선을 연결한 옷.
105 겹으로 된 두툼한 옷으로 북방 지역의 병사들에게 지급했다.
106 조선 초기 여러 군영에 두었던 군사 실무 담당 관직.

고 부유한 자들에게 옷을 주었다. 가난한 자들은 진무에게 뇌물을 줄 수 없으니, 비록 헐벗었더라도 옷을 받지 못했다. 비록 어사가 직접 온다고 해도 만약 직접 보지 않으면 폐단이 고쳐지지 않는다고 한다. 가난한 백성은 거의 모두 속새(木賊), 콩껍질(菽殼), 메밀 줄기(木麥藁), 패랭이 껍질(瞿麥殼)을 으깨어 삶거나 찧어 얇게 해서 콩가루(菽屑) 약간을 섞어 먹으며 하루하루를 버틴다고 한다.

8월 23일, 맑음
북경(회동관)

이날 포 두 필로 김생이 요청한 《운부군옥》을 샀다. 상사께서 중당에 앉아 계시다가 나와서 이야기했다. 허봉과 저녁 때 대화를 나누며 퇴계 선생의 교제에 대해 들었다. "바야흐로 선생의 댁이 서울에 있을 때 사인士人 중에 선생을 뵙고자 하는 자가 무척 많아서 문생을 거치지 않으면 뵙지 못했습니다. 명성 때문에 와서 인사하는 사람은 비록 먼 곳에서 와도 그곳에 머무르지 못했지만, 학문에 뜻을 두고 진심으로 성실한 사람에게는 열심히 권장하시고 가르침을 주셨습니다. 윤흥종尹興宗은 멀리 떨어진 절에 머물렀는데 날마다 거친 밥에 무 반 뿌리를 먹으며 추위를 무릅쓰고 선생을 찾아왔습니다. 한 번은 앞의 개울을 건너다가 《대학》을 잃어버렸는데 선생께서 《대학》을 주시고는 가까운 곳에 머무르게 했습니다. 자앙子盎 김

수金睟[107]도 이와 같았기 때문에 《심경心經》을 배울 수 있었습니다. 이식李
栻[108]의 자식 이함형李咸亨[109]은 선생이 받아 주지 않을 것을 걱정하여 미리
그 아버지가 쓴 편지를 가지고 갔는데, 편지에서는 '네가 선생의 가르침을
받지 못한다면 다시는 나를 보지 마라'고 했습니다. 이것을 드렸더니 선생
께서 기뻐하며 그를 가르치셨습니다. 반면에 유근柳根[110] 등은 찾아갔다가
바로 돌아갔습니다. 육유당六有堂 이중호李仲虎[111]와 김근공金謹恭[112]은 5일
동안 아무것도 먹지 못하고, 한 집에서 굶어 죽게 되었는데도 남에게는 알
리지 않아 사람들이 알지 못했습니다. 그러던 중 원주의 도정都正 허엽이
가서 보고는 즉시 털옷을 벗어 입혀 주고 집에 돌아가자마자 쌀 다섯 말을
보냈습니다. 이로 말미암아 죽음을 면케 되었으니 그 곤궁함이 이와 같았
습니다. 이중호가 매번 허엽에게 스승의 예로 대했지만 허엽은 젊은 친구
로 받아들이고 녹봉을 받을 때마다 급한 사정을 구제해 주었습니다. 그는
초당보다 더 궁핍했지만 이러한 사실을 말한 적은 없었습니다"라고 했다.

8월 24일, 맑음
북경(회동관)

정응시가 아침에 찾아왔다. 사서四書[113]를 사고자 한다고 했었는데, 돈이
부족해 갈모를 주었다. 압마관 김면金沔의 부탁으로 말이 죽은 것을 서장
관께 숨겨 달라고 했지만 들어주지 않았다.

---

107 1547~1615. 조선 중기의 문신. 본관은 안동. 자는 자앙, 호는 몽촌夢村. 이황의 문인으로 이후 남인이 되
     었다. 1592년 임진왜란 당시 경상우감사로 있었으나, 동래 함락 소식을 듣고는 진주를 버리고 거창으로
     도망갔다.
108 1500~1587. 조선 중기의 문신. 본관은 전주. 자는 청지淸之, 호는 손암損菴. 1570년(선조 3)에 동지사로서
     명나라에 다녀왔다. 1579년 대사헌을 지낼 당시 동·서 분당이 일어나자 정희적鄭熙績 등과 함께 서인의
     등용을 막으려는 주장을 폈다.
109 1550~ ?. 조선 중기의 학자. 자는 평숙平叔, 호는 산천재山天齋. 이황의 말년 제자이며, 《심경강록心經講

저녁 때 중랑에서 얘기를 했다. 송대춘이 가지고 갈 짐을 늘려 달라고 간절하게 부탁했는데 허봉이 들어주지 않자 화가 난 듯했다. 안정란이 다시 유성룡과 윤탁연의 사례를 끌어대며 마음을 움직이고자 했다. 안정란에 대한 좋은 인상이 모두 사라졌다. 그때 속되게 어른을 욕보이는 말이 나와서 일어났다.

퇴계 선생의 겸손한 덕(謙德)에 대해 들었다.

"퇴계 선생께서는 다른 사람들과 얘기를 할 때, 비록 그가 옳지 않더라도 잘못된 점을 비판하신 적이 없습니다. 다만 '내 생각에는 이 일은 아마 이럴 수도 있을 것이니 다시 생각해 찾아보라'고 하셨습니다."

신옥申沃의 선행에 대해 들었다. 신옥의 자字는 필숙弼叔이다. 효행이 있고 또한 학문에 뜻을 두었기에 퇴계 선생께서 유심히 보시고는 칭찬하셨다고 한다. 그의 조카 광필光弼은 사람들에게 경계하는 말을 들으면 기록해서 책을 만든다고 한다. 비록 자질이 부족한 자라도 선인善人과 함께 있으면 진보를 기대할 수 있는 것이다.

8월 25일, 맑음
북경(천단)

이날 천단天壇을 관람했다. 정양문正陽門[114]을 걸어 나가서 궐문을 바라보니, 궐문 밖에는 옹성(甕城)을 설치했고 성에는 문이 셋 있었는데 남문은

　　錄)과 《심경표제心經標題》 등의 주석서를 남겼다.

110　1549~1627. 조선 중기의 문신. 본관은 진주. 자는 회부晦夫, 호는 서경西坰. 황정욱黃廷彧에게 문장을 배웠으며 뒤에 기대승에게 배웠다. 1591년 좌승지를 지낼 당시 세자 책봉 문제로 화를 당한 정철鄭澈의 일파로 몰려 탄핵을 받았다.

111　1512~1554. 조선 중기의 학자. 본관은 전주. 자는 풍후豊后, 호는 이소재履素齋. 문장에 뛰어나 김안국金安國으로부터 '귀신이 아니면 이러한 문장을 지을 수 없다'는 평을 받았다.

112　1526~1568. 조선 중기의 유학자. 본관은 강릉. 자는 경숙敬叔, 호는 척암陽菴. 이중호의 문인으로 제자 양

닫아 놓고 동쪽과 서쪽 문으로만 통행할 수 있었다. 문밖에는 잡화雜貨가 거의 5리에 걸쳐 늘어서 있었다. 천단에 도착해 단문壇門으로 들어가니 등달滕達〔자字는 계달季達이다. 한세능韓世能의 고향 친구로 과거에 실패해 산수를 유람하며 시 짓는 것을 일삼는 자다. 일찍이 한세능이 사신으로 올 때 그를 따라 조선을 관람했었다. 이 때문에 우리나라 사람이 있다는 것을 듣고서 보러 온 것이다〕이 친구와 함께 와서 이야기를 하려고 했으나, 제독이 사람을 딸려 보내 대화를 살피게 했으므로 만날 수 없었다.

○궁○宮[115]을 보았다. 궁은 3층으로 되어 있는데, 위층은 검은 기와로 덮었고 끝 부분은 반쯤 공중으로 나와 있었다. 중간층은 황색 기와로, 아래층은 벽색碧色 기와로 덮었다. 궁의 안에는 청색 벽돌을 깔아 놓아 마치 푸른색 유리처럼 빛났지만 미끄러워 다닐 수 없었다. 금으로 기둥을 장식했고, 옥으로 주렴을 만들었다. 아래 계단은 3층으로 되어 있었는데, 상층에는 난간이 있었고 청색으로 장식했다. 너무 사치스럽고 화려해서 상제上帝가 강림하기에 마땅한 곳은 아니었다. 뒤쪽에는 ○궁○宮이 있었는데, 천신天神을 보관하는 곳이었다. 가정 연간에 하언夏言이 "옛날에는 환구圜丘[116]를 만들어 하늘에 제사를 지냈을 뿐이니 지금 단壇이 아닌 궁宮을 만드는 것은 불가합니다"라고 하여 이내 환구를 궁 남쪽 1리쯤에다 다시 지었다고 한다. 그러나 궁만 없을 뿐이었지 청색 벽돌을 까는 일 등은 모두 궁의 구조를 따랐다. 환구 앞에는 ○ 나무 두 그루가 있었는데, 가령 제사 시기가 되어 그 위에다 등을 달면 궐내에서는 하늘을 보고 배한다. 만일 황상에게 일이 생겨 친제를 할 수 없으면 그 제사 시기에 나와서 배를

성에 힘써 김창일 · 성호 · 심종민 · 송선 등이 그에게 수학했다.

113 《논어》,《맹자》,《중용》,《대학》을 통틀어 이르는 말.

114 북경 자금성의 정남문.

115 빠진 글자가 있지만 기년전祈年殿을 가리키는 것으로 보인다. 기년전은 천단 북쪽에 있는 건물로, 황제가 풍년을 기원할 때 이용했다.

116 천자만이 할 수 있는 의무이자 권리 중 하나가 바로 하늘에 대한 제사였다. 도성의 남쪽 교외에서 지내는 제천례는 그 중에서도 매우 중요한 의식으로 여겨졌다. 주나라 때부터 둥근 원형 형태의 제단을 만들어

⊙ 천단天壇, 기년전祈年殿과 (좌) '환구단圜丘壇 (우)
황제가 매년 동짓날에 친히 천제天祭를 봉사奉祀하던 곳으로 북경성 정양문 동남쪽 천단공원 안에 있다.

한다고 한다. 이러한 행동은 비록 예문禮文에는 없지만 경천敬天하는 정성에서 나온 것이다. 가령 융경제께서는 비록 때때로 친제를 하셨어도 끝나자마자 궁문을 활짝 열게 한 뒤 잘 달리는 말을 골라 바로 입궁했기 때문에 호종扈從[117]하는 여러 신하 중 하나도 뒤따르지 못했다고 하니, 제사를 마친 뒤에도 여전히 경건한 태도를 취하는 모습(陶陶遂遂)은 어디 있단 말인가!

측백나무 그늘에서 술을 마셨다. 환구 남쪽에는 나무들이 정연하게 심어져 있었으며, 5~6리에 걸쳐 열에서 흐트러진 나무가 하나도 없었다. 여염의 나무 중에도 또한 이와 같은 것이 있었다. 처음에는 의자에 앉으려고 했는데 상사가 중국식을 따라 하려 한다고 놀리기에 바로 웃으면서 땅에 앉았지만 누추해서 머무를 수 없었다. 돌아오는 길에 다시 등계달을 만났다. 처음에는 예를 행하지 못했지만 나중에는 읍을 했다.

의식을 거행했고, 이러한 전통은 한, 수, 당을 거쳐 명대에도 지속되었다. 명나라 때는 가정 9년(1530) 대대적으로 정비하여 환구단뿐만 아니라 황궁우皇穹宇, 배전配殿, 신주神廚, 삼고三庫, 재생정宰牲亭 등의 전각도 만들었다.

117 임금이 탄 수레를 호위하며 따르는 일.

8월 26일, 맑음

북경(회동관)

황제께서 조회를 보시고 예부상서 만사화로 하여금 조선 사신들을 위한
연회를 회동관에서 대접하도록 하셨다. 우리나라 풍속의 이른바 상마연上
馬宴[118]이다. 다른 외국은 하마연만 치르지만 우리나라 사신에 대해서는 특
별히 두 번의 연회를 베풀어 위로해 주시니 그 총애가 이와 같이 두텁다
는 것을 알 수 있다. 이날 상서가 조참朝參 이후에 바로 회동관에 도착했기
때문에 우리 일행은 겨우 제시간에 문으로 들어갈 수 있었다. 지영하는 자
리, 배하는 의례, 잔을 돌리는 횟수 등은 모두 처음 연회 때의 의례와 같았
다. 다만 춤꾼들의 공연은 지난번에 비해 더욱 괴이했다. 상고上古에 외빈
을 대하는 예는 무간舞干[119]에 그쳤을 것인데, 지금 문물이 성대히 갖춰진
시기에 왜 오히려 불경한 일을 행하는가? 생각건대, 천하가 무도無道해진
이후에 천자가 된 자들은 덕으로 천하를 복종시키지 못해 괴이하고 요상
한 방술과 창검이 난무하는 형상으로 먼 지역 사람을 미혹해 왔다. 그리고
먼 지역 사람 중에도 그것을 좋아하며 얼이 빠져 보는 경우가 있었다. 그
때문에 명나라의 훌륭한 제도 중에도 이를 그대로 두고 고치지 않은 것이
니, 전례典禮[120]에 문제가 있는 것이 아닌가? 또한 이것을 가지고 오락으로
삼을 줄만 알고, 먼 지역으로부터 산하를 건너 왔는데도 관소에서의 접대
는 어떠한지, 고향 생각은 어떠한지 등에 대해서는 한 마디도 언급하는 바
가 없으니, 오호라 탄식할 만하구나!

---

118 외국의 사신들이 업무를 마치고 출발할 때 베푸는 환송 연회.
119 중국 상고시대 오랑캐를 대하던 의례. 옛날 순임금이 문덕文德을 크게 펼치고, 방패와 새 깃을 들고서 두
     섬돌 사이에서 춤을 추었더니, 70일 만에 묘족苗族들이 감복했다는 고사가 전한다.
120 왕실 또는 국가 규모의 의례.

저녁에 대청에서 이야기를 하다가 퇴계 선생의 가르침을 들었다. 허봉이 퇴계 선생께 편지를 보내서, "체계를 세우면 너무 엄격해지고, 그렇지 않으면 느슨하게 되니 이를 어떻게 해야겠습니까?"라고 물었다. 선생께서 답하시길, "체계는 모름지기 엄격하게 세워야 하고 의지志意는 모름지기 여유 있게 합니다. 엄격하게 세운다는 것은 지나치게 매진하는 것이 아니며 세밀하게 살펴서 힘써 행하고 그것을 신중히 지키라는 말일 따름입니다. 여유 있게 하는 것은 느슨하게 하는 것이 아니라 차분하게 여러 번 생각하여 급하게 재촉함이 없게 하는 것입니다"라고 하셨다. 선생께서는 평소 태극도설을 강講하시며, '무無의 극단이 태극이 된다'고 하셨는데, 도리어 그 만년에 공호公浩 이양중李養中[121]이 편지로 분변할 것을 청하자, 선생께서는 이내 그 이전의 설명이 잘못되었다는 사실을 알고 고봉高峯 기대승奇大升[122]에게 편지를 보내, '서울의 상사上舍 이중호란 사람이 있는데 공은 그를 본 적이 있습니까? 그가 편지로 무극의 뜻을 분변해 줄 것을 청했는데, 나는 이것으로 인해 이전의 견해가 잘못 되었다는 것을 알았으니, 정말 다행입니다. 후생 중에 이러한 사람은 매우 얻기 쉽지 않습니다'라고 하셨다고 한다.

8월 27일, 맑음
북경(회동관)

사헌부 하리가 연행 가는 사람을 침책侵責[123]한다는 폐단을 들었다. 김팽수

---

121 1549~1591. 조선 중기의 문신. 본관은 전주, 자는 공호公浩. 병조정랑兵曹正郞 등을 역임했다. 이황의 문인으로 허봉과는 어려서부터 절친한 벗이었다. 《퇴계집》 39권 〈답이공호答李公浩〉에는 태극도설에 대한 이황과 이양중의 문답이 수록되어 있다.

122 1527~1572. 조선 선조 때의 성리학자. 본관은 행주, 자는 명언明彦, 호는 고봉 · 존재存齋. 벼슬이 대사간에 이르렀다. 이황의 문인으로서 스승과 '사칠논변四七論辨'을 전개함으로써 조선 유학에 큰 영향을 미쳤다.

123 조선시대에 물품을 거두어들일 때 트집을 잡아 술이나 돈을 청하던 일.

金彭壽가 서장관에게 간청하길, "본부本府로 돌아가면 부리府吏 9~10명이 가죽 신발창 하나, 털모자 하나를 각기 받으니 사 가지고 갈 수밖에 없습니다. 짐바리 하나에 겨우 40~50개밖에 넣을 수 없어 달리 싸 가지고 갈 곳이 없습니다. 청컨대 짐바리를 더해 주십시오"라고 했으나 서장관은 허락하지 않았다. 듣건대, 김귀영金貴榮[124]이 대사헌이 되었을 때 수리首吏에게 묻기를, "네가 이러한 폐단을 그치게 할 수 없는가?" 하니, 수리가 답하길, "만일 관의 명령이 있다면 어찌 감히 그치지 않겠습니까!"라고 했으나 결국 고칠 수 없었으니 아! 서로 말만 하는 것인가! 전에 온 서장관 김인백金仁伯과 유성룡 같은 자들은 그 폐단을 매우 잘 알고 있어 귀국한 뒤 즉시 혁파하려고 했지만 할 수 없었다. 이뿐만이 아니다. 약을 사 가지고 온 통사가 승정원에 올릴 때, 반드시 담요 하나, 털 신발창, 털모자 등의 물건을 약재를 감독하는 사람에게 뇌물로 주어야 하며, 그런 연후에 감독관이 약재로 쓸 만하다고 하면 그제야 관에서 받아들인다.

양응태梁應台가 길을 재촉하다가 죽었다고 한다. 백원개가 말하길, 자기가 상통사上通事로서 수행하여 귀국할 때 양응태가 당연히 고령高嶺[125]에서 묵었어야 했는데 길을 재촉해 밤을 무릅쓰고 전둔前屯에 이르렀다가 지병이 발작해서 조용히 죽었다고 한다. 비어備禦 학중광郝重光이 그 집에 쌓아 두었던 목재를 가지고 관을 만들어 보내 주었다고 하니 어질다고 할 만하다. 양응태의 자제가, '첩(小室)'을 지나치게 아끼고 정실을 박대하여 길을 떠날 즈음에 안 좋은 조짐이 있었는데 가평관에 도착한 날에 부인이 병사했다'고 한다. 노중에서는 매번 탄식하며 그 첩을 생각했다고 한다.

---

124 1520~1593. 조선 중기의 문신. 본관은 상주. 자는 현경顯卿, 호는 동원東園. 임진왜란 때 중추부영사로서 임해군을 배종하여 함경도로 피난했는데, 회령에 수개월 머무르는 동안 민폐가 많아 인심을 잃었다.
125 요동 지역에 있는 험준한 지대로 회령령會寧嶺 또는 대고령大高嶺이라 한다.

명나라에서는 은 36만 냥으로 변군을 양성하고 은 50만 냥으로 종실들을 부양한다고 한다. 태조의 자손이 17만에 이르기 때문에 그런 것이다.

8월 28일, 흐림
북경(회동관)

서반들에게 술을 주며 위로했다. 전날 고운정이 "너는 그 양을 아끼지만 나는 그 예를 아끼느니라"라고 말했다.[126] 그런 까닭에 술자리를 베풀어 그를 위로했다. 나는 사친私親의 제사 때문에 참석하지 않았다.[127]

제독에게 올리는 문묘종사文廟從祀와 관련된 질문의 초안을 잡았다.

코끼리 털을 무역하는 폐단을 들었다. 우리는 매번 조정에 출입하는 날에 직접 코끼리를 보았는데 코끼리에게는 가느다란 터럭 하나 없었다. 그런데도 국가에서는 으레 사신이 행차할 때마다 통사로 하여금 코끼리 털을 사 오도록 명했다. 코끼리가 본래 털이 없기 때문에 이곳 북문 안에 염소의 수염을 염색하여 파는 자가 있었지만 이 역시 사 갈 수 없었다. 이런 까닭에 남경 사람 중에 말 꼬리를 염색해 가짜로 코끼리 털을 만드는 자가 있었다. 처음에는 40필을 받고 팔더니, 후일에는 반드시 60필을 받은 연후에야 물건을 내놓았다. 통사 중에는 심지어 가산을 헐어서 사다 바치는 자도 있다고 한다. 오호라! 코끼리가 비록 털이 있다고 해도 토산이 아니므로 그 가격이 비싼 것이 이와 같다면 반드시 멀리서 구할 것은 아닐 터인

183

---

126 자공이 고삭告朔 때 쓰는 양을 치우려 하니, 공자가 말하기를, "너는 양을 아끼지만 나는 예를 아끼고자 한다(爾愛其羊我愛其禮)"한 데에서 인용된 말. 기본 정신을 보전하기 위해 형식이나마 그대로 둔다는 말.
127 허봉의 《조천기》 8월 28일 기사에 따르면 조헌은 할아버지의 제사 때문에 참석하지 않았다.

데 하물며 본래 터럭 하나도 없는 것이라야.

승정원 하리의 폐단에 대하여 들었다. 통사가 약값을 받는 날 정원의 하리가 술과 밥을 차려서 통사들에게 마시게 하고는 부채 서른 자루를 주면서 양가죽으로 된 갖옷을 구해 달라고 한다. 돌아오는 날에 만약 평안도의 약재일 때문에 서둘러 오지 못하면 하리들이 승정원에 고하여 차지次知[128]를 하옥시키는데 그 수가 열 명에 달한다고 한다. 통사에게 노비가 어찌 열이나 있겠는가?

8월 29일, 맑음
북경(자금성 오문)

아침에 예부상서와 함께 오문 밖에서 사은했다. 연회를 다시 베풀어 주셨기 때문이다.

조사朝士들이 서로 읍하는 의례와 문에서 양보하는 의례를 보았다. 서로 읍하는 의례는 다음과 같다. 나라의 풍습이 왼쪽을 숭상했기 때문에 서로 읍할 때에는 반드시 남에게 왼쪽을 양보했다. 먼저 그 사람의 오른쪽으로 나아간 후 나란히 서서 읍을 하는데, 손을 저으면 왼쪽에 서 있는 사람이 다시 그 오른쪽으로 가서 읍을 한다. 문에서 양보하는 의례는 다음과 같다. 함께 가다가 문을 만나면 반드시 손을 들어 상대방에게 먼저 들어갈 것을 양보하고 이후에야 들어갔다. 만약 길에서 만나면 반드시 채찍을 들

---

128 각 관방官房의 일을 맡아 보던 사람, 또는 높은 벼슬아치의 집일을 맡아보던 사람이나 주인을 대신해 형벌을 받던 하인.

어 읍을 하지만 몸을 굽히지는 않는다.

오문을 벗어나 회동관으로 갔다. 반송사는 우리가 사은 배례를 할 때 인원이 채 서른 명이 되지 않은 점을 구실 삼아 질책하며 "너희 국왕이 당신들을 파견한 것은 오로지 장사를 하도록 하기 위함인가?"라고 했다. 반송사에게 돈을 주어 무마해야 했으니 가히 부끄러운 일이다.

매일 아침 대포를 쏘는 소리를 들었다. 덕승문德勝門[129] 북쪽 외곽의 사격장에서 날마다 이와 같이 사졸들을 조련하는데, 가끔이라도 쉬지 않는 것은 전쟁을 잊지 않고자 하기 때문이다. 우리나라에서는 훈련(小形名[130])을 한 달에 한 번도 시행하지 않으니 한심하지 않겠는가?

문장文莊 구준丘濬이 장창莊昶[131]과 진헌장을 매우 싫어했다는 것, 하언과 곽도霍韜[132]가 서로를 칭송한 일에 대해 들었다.

8월 30일, 맑음
북경(회동관)

짐을 검사했다. 병부낭중兵部郎中과 제독주사는 으레 당堂 안에 앉아서 일행의 행장을 검사한다. 통사 이하가 뜰에 짐을 벌여 놓고 낭중을 기다렸으나 낭중은 문에 도착해 들어오지 않고 다만 짐의 숫자만을 보고는 제독청提督廳에서 마시다 갔다. 중국인들이 믿음으로써 우리나라 사람을 대하는 것이 이와 같다. 그런데도 우리나라 사람들은 속이는 경우가 많으니 오호

---

129 명·청 대 북경성 북원北垣 서쪽에 있던 문.
130 군사를 조련할 때 깃발과 북으로 앉고, 서고, 나아가고 물러나는 것(坐作進退)을 지휘하던 훈련 방법의 하나.
131 1437~1499. 명나라 때 관료이자 학자. 한림원의 검토관이 되어 조정의 사치스런 행사를 비판하고 태평성세를 기리는 문자의 제출을 거부하다 장을 맞고 귀양을 갔다.
132 가정 연간의 중신으로 벼슬은 예부상서에 이르렀다. 가정제의 정통성과 관련하여 벌어진 '대례의大禮議 논쟁' 당시 가정제의 친부를 전 황제로 인정할 것을 주장했다.

라, 통탄스럽기 그지없다. 회동관에서 짐을 검사할 때에 다른 외국 사람의 짐은 하나라도 풀어서 보지 않는 것이 없는데, 우리나라는 하인의 짐도 풀어 보지 않는다고 한다.

문묘종사에 관해 의문이 나는 부분을 기록하여 백원개를 시켜 질문을 올렸는데 제독이 받아 갔다. 저녁에 상사께 알리니 상사가 "조정에서 너에게도 이 일을 질정하도록 시켰는가?" 했다. 대개 이를 매우 싫어하는 분위기였다.

평양 감사에 관한 일을 들었다.

9월 1일, 맑음
북경(주사청)

주사, 주객사낭중과 함께 제독청에서 술을 마셨다.

구경시具景時가 누설한 일에 대해 들었다. 구경시와 정이경丁二卿은 친족이다. 그런 까닭에 구경시가 언관이 되었을 때 장차 논핵하려는 뜻을 정이경의 아들인 정윤희丁胤禧에게 말했었다. 이후 승지가 되자 대사헌 박응남朴應男[133]이 말을 누설한 일을 비판하며 그를 파직시켰으나 훗날 다시 승지가 되었다. 박응남이 말하길 "저 사람은 동기가 많은 덕분에 이에 이른 것인가?" 했다. 명안明彦 기대승과 자강子强 오건 등도 역시 같은 방목榜目에 있었기 때문에 당시 사람들은 그가 인맥이 넓다고 이야기했다. 이외에

---

133 1527~1572. 조선 중기의 문신. 본관은 반남潘南. 자는 유중柔仲, 호는 남일南逸 또는 퇴암退庵. 명종이 임종할 때 좌승지로 금중禁中에서 숙직하다 영의정 이준경李浚慶과 함께 고명을 받아 선조가 왕위를 계승하는 데 공을 세웠다. 성품이 강직했기 때문에 대사헌 재임 중 기탄없는 논박을 했다.

또한 자중子中 정유일鄭惟一,[134] 자정子
精 정탁鄭琢, 경문景文 황정욱黃廷彧[135]
과 같은 이들이 있는데 지금 높은 벼
슬에 올랐다. 그 때문에 박응남이 하
는 말이 그와 같은 것이지, 어찌 기대
승이나 오건에게 혐의를 둔 것이겠
는가!

박지진朴知進이 말하길 "이곳 장수
들은 으레 복병을 만나 패배한다고 합
니다. 만약 선봉을 양 날개로 삼아 길
주변을 샅샅이 수색하며 행군하게 한
다면, 복병을 만나도 바로 격퇴할 수
있으니 적군이 감히 술수를 부릴 수
없을 것입니다"라고 했다. 군관 유연
兪淵이 말하길 "적병을 대적할 때 장

⊙ 정탁 초상
정탁(1526~1605)은 조선 중기의
문신으로, 본관은 청주, 자는
약포藥圃·백곡栢谷, 호는 자정.
좌의정을 지냈으며, 임진왜란
때 왕을 호종한 공으로 서원
부원군西原府院君에 봉해졌다.
한국국학진흥원 소장.

전長箭[136]을 쏘면 적병은 그 화살로 되쏠 것입니다. 만약 화살촉 위에 얽어
맨 저筋를 제거한 뒤 활을 쏜다면 활이 적중하자마자 바로 파손될 것이니
되쏠 수 없을 것입니다"라고 했다. 두 사람의 말은 비록 단순한 것 같지만
이치에 맞지 않는 말은 아니다. 선봉先鋒으로 주변을 샅샅이 수색해야 한
다는 말에 일리가 있었다.

134　1533~1576. 조선 중기의 문신·학자. 본관은 동래東萊, 자는 자중. 호는 문봉文峰, 시부詩賦에 뛰어났으
　　며, 퇴계의 학설을 추종·발전시켰다.
135　1532~1607. 조선 중기의 문신. 본관은 장수, 자는 경문. 호는 지천芝川. 임진왜란 때, 왕자 순화군順和君을
　　수행해 강원도와 함경도 지방에서 의병을 모집하다가 왜장에게 붙잡혔는데, 이후 이 일로 탄핵을 받고
　　유배되었다.
136　보통 화살을 장전長箭이라고 하고 이에 비해 짧은 화살을 아기살 혹은 편전片箭이라고 한다.

9월 2일, 맑음
북경(회동관)

중랑에서 술자리를 베풀었다. 가정 연간에 추봉追封한 일을 들었는데 퇴계 선생의 논의가 정리情理에 매우 합당했다. 가정 연간에 가정제의 친부인 흥왕興王을 추봉해 황제로 삼자는 논의가 생겼다. 정론正論을 지지한 자들은 모두 사친私親을 추봉하는 것이 옳지 않다고 여겼고, 3년 동안이나 분쟁한 끝에 추봉하자는 논의가 이겨 마침내 흥왕을 추봉해 흥헌興獻 황제로 삼았다. 불가하다고 여긴 사람 모두 건청문乾淸門[137]에 머리를 두드리며 곡을 해서 문이 깨지기까지 했지만 이를 들어주지 않고 모두 사사하거나 유배 보냈다. 우리나라는 왕의 사친을 대원군大院君으로 추봉하는 데 그칠 뿐이고 하원군河原君[138]의 후손도 4대에 이르면 장차 충의위忠義衛[139] 제사를 지내게 하니 가정제 때 추봉한 일은 잘못이다. 송나라 영종英宗과 효종孝宗은 모두 사친을 복왕濮王과 수왕秀王으로 추봉했으니 진실로 예에 합당했다. 퇴계 선생께서 논의하시길, "다른 사람의 후사가 된 자는 사친에 간여해서는 안 된다. 그렇지만 아들은 국왕이 되어 영원토록 제사를 받으면서, 자신을 낳아 준 부모에 대해서는 대략 종실에 견주어 겨우 4대가 되면 갑자기 일반인과 같게 대하는 것은 정말 편치 않은 일이다. 하원군의 장손은 종세토록 봉작하여 종친부의 감監으로 삼아 그 대代를 마치게 하는 것이 가장 옳을 것이다"라고 했다. 당시 대신에게 논의하게 했는데 대신들이 내용을 깊이 생각하지 못하고 대강 논의를 정했고 상께서도 이것

188

---

137 북경 자금성의 보화전保和殿 뒤에 있었다.
138 이정李鋥(1545~1597). 조선 중기의 종실. 본관은 전주. 덕흥대원군德興大院君의 아들이며, 선조의 형이다.
139 조선시대 중앙군으로서, 오위와 충자위에 소속되었던 양반으로 꾸려진 특수 군대.

을 따랐다. 퇴계 선생께서는 비록 이러한 의견을 가지고 계셨으나 국왕께 아뢰지 못하고 돌아가셨으니 너무나 안타깝다! 혹자는 '지금 같은 때에 이러한 논의를 주장하는 것은 불가하다'고 하지만 그것이 어찌 옳은 이치이겠는가!

김인백金仁伯이 짐바리의 숫자를 정한 일을 들었다. 김인백이 서장관이 되었을 때, 평양에 도착해 국법에 따라 일행의 짐바리 숫자를 정했다. 사신 윤옥은 아들에게 보낸 편지에서 "나는 죽어도 다른 사람에게 통제받지 않겠다"라고 했으니 무식함이 이와 같았는데, 옥대를 사서 명종께 드렸고 많은 금단錦段을 무역해서 귀국했으니 탐심과 비루함은 비할 데가 없었다.

고운정이 뇌물을 요구했다는 말을 들었다. 고운정이 통사에게 "네가 우리에게 뇌물을 보내면 칙서로 상물을 내릴 때에 내가 마땅히 힘써 좋은 물품을 뽑아 주겠다"라고 했다. 이치에 닿지 않는 일로 침색하는 짓이 이와 같았다.

9월 3일, 맑음
북경(자금성)

황제께서 봉천문奉天門을 통해 오셔서 정사를 보셨고, 우리 일행은 상을 받았다. 새벽에 대궐의 좌문左門으로 나아갔다. 날이 밝아 좌액문左掖門으로 들어가니 문무관은 먼저 들어와서 동서 뜰에서 서로 바라보고 서 있었다. 황제께서 황극문皇極門 북쪽에서 오셔서 황옥의 북쪽 수렴을 걷고 전殿

에 오르셨다. 채찍이 세 번 울리자 황색 의자에 자리하셨고, 문무관원들은 모두 북쪽을 향해 서서 일배삼고두를 하고 일어나 동쪽과 서쪽에서 서로 바라보는 자리로 돌아갔다. 서반이 일행을 인도하여 관원들 사이에 서게 했다. 관원들이 동시에 경해警欬[140]하니 소리가 우레와 같았다. 혹 땅에 침을 뱉는 자도 있었는데 매우 무례한 듯했다. 서반 넷이 상안賞案[141]을 들고 와 어로에 두었다. 예부당상이 수행했으며, 우리도 또한 어로에 가서 궤했다. 시랑이 손으로 작은 홀기를 잡고 궤하여 고하길, "조선의 진하배신進賀陪臣 모某 등에 대해 상을 내립니다"라고 했다. 황제께서 "그들에게 주라"라고 말씀하시자 엎드려 삼개두를 하고서 일어섰다. 서반이 상안을 들고 나왔고 우리도 나왔다. 예부주사가 좌궐左闕 아래에 앉아서 상을 나누어 주었다. 우리는 들어가서 서로 읍하고서 나왔다. 여러 종인들이 차례로 상을 받은 뒤 다시 들어가서 서로 읍했다. 상은 비단옷(錦衣) 세 벌, 비단(錦) 두 단, 홍렴紅縑 두 단, 화靴 하나, 흑포黑布 한 단이었다. 하례하러 온 지방 관원들이 모두 와서 인사했으며, 광록시에서 함께 술과 밥을 먹었다. 사은을 마치고 좌액문으로 들어가서 저楮를 받고 나왔다. 대우하는 예가 매우 두터웠다.

감숙성甘肅省 원마시苑馬寺 소경少卿이 하직 인사를 직접 아뢸 때 말이 분명하지 않았기에 황상께서 금의위錦衣衛[142]에게 명을 내려 추문하게 하셨다. 위관衛官 둘이 우액문에서 달려 나와 소경의 복두幞頭[143]와 홍포를 벗겨서 무릎을 꿇리고, 결국 백의白衣를 입혀 잡아다 가두었다. 또 맹자의 후손으로 오경박사五經博士[144]〔맹언박孟彦璞[145]인 듯하다〕인 사람이 하직 인사를

190

140 윗사람에게 뵙기를 청할 때 자기가 있음을 알리기 위해 하는 기침.
141 상으로 하사하는 물품을 담은 탁자.
142 명나라 금위군禁衛軍의 하나. 황제의 측근에서 비밀을 조사하고, 죄인을 체포하거나 심문하는 일 등을 수행했음.
143 각이 지고 평평한 관모.
144 한나라 때부터 유학 경전의 권위 유지와 그에 대한 연구를 위해 《역경》, 《예경》, 《서경》, 《시경》, 《춘추》에 관한 박사 관직을 설치했다.

할 때 예에 어긋난 행동을 했는데, 이미 나갔으나 황상께서 또한 체포를 명하시어 위관 넷이 찾으러 갔다. 국법의 엄격함과 어리신 황상의 강건하심이 과연 이와 같았다.

환관의 복식을 보았다. 환관 중 관품이 높은 환관의 관冠은 대나무로 얽어 모자를 만들고 포로 그것을 감싼다. 모자의 뒤쪽에 첨簷이 있었는데 양쪽 귀 뒤쪽을 따라서 위를 향해 서 있다. 그들의 복장은 모두 모두 철릭帖裏이었으며 그 길이는 복숭아뼈까지 내려왔다. 낮은 관품의 관은 앞에서 뒤까지 포로 모자를 감싸고(모帽의 길이는 대략 한 뼘쯤이다) 남은 끝부분은(길이는 6촌 정도다) 뒤에 드리웠다. 복장을 보면 앞은 철릭과 같고 뒤는 직령直領과 같으며 옆에는 주름이 있다. 각기 패수牌綬가 있었는데 홍사紅絲로 만들었다. 조관朝官 중에는 아패牙牌를 차지 않은 자가 없었으며 패에는 직명을 썼다. 패수는 청사靑絲로 만들었고 한 가닥의 패수를 길게 늘어뜨렸다. 복두의 연각軟脚은 가로로 꽂고 그 끝은 구부려 위를 향하게 했다. 홍포紅袍와 흑포黑袍의 주름은 하나같이 도포道袍와 같았다.

저녁에 처마 아래에 서서 연행 과정에 폐해가 많은 일에 대해 논의했다. 내가 "연행 도중에는 맛있는 음식(珍饌)을 먹을 필요가 없으며 다만 황조皇朝에서 공급하는 식량을 먹고 조선에서 여행 식량을 조금만 가져온다면, 이런 걱정은 없어질 것입니다"라고 하니, 혹자가 "당신은 거친 밥을 먹으며 살았겠지만, 우리 식습관은 달라서 나물 등을 먹는 것으로 기존에 행하던 방식을 가벼이 바꿀 수 없습니다"라고 했다. 말이 경솔하면 욕됨을 부른다는 것이 과연 그러하구나.

---

145 맹자의 59세손. 자는 조새朝璽.

9월 4일, 맑음
북경(자금성 오문)

오문 밖에서 사은했다.

황상께서 정사를 보시고 학문을 닦으시는 규범에 대해 들었다. 황제께서는 3·6·9일에 정사를 보신다. 문무관원들이 모두 모여 일배를 마치고 나서, 과도관이 혹 아뢸 일이 있으면 생각한 바를 황제 앞에서 직접 아뢰었는데 이와 같은 행렬이 끊이지 않았으니, 어찌 통치자의 이목이 막히는 폐단이 생기겠는가! 또한 경연에서의 강학을 날마다 거르지 않으시니, 나라를 다스리는 일에 이렇듯 겨를이 없다고 한다. 아! 이렇게 계속 진전하신다면 성덕聖德의 수양이 어찌 자기도 모르게 이루어지지 않겠는가! 시강侍講할 때는 강관講官이 서서 강하고, 강을 마치면 각자가 소견을 밝혀 허물을 바로잡고 잘못을 고친다. 무종武宗 황제께서 이를 몹시 싫어했지만 폐지할 수 없었으니, 조종祖宗의 법도를 두려워한 것이 이와 같았다. 우리 조선에서 강연講筵하는 의식은 역대 임금께서 특별히 편히 앉아서 행하게 해 주셨으니, 대신을 공경하고 신하들을 생각하는 뜻이 지극하다고 할 수 있다. 그러나 정희왕후貞熹王后[146]가 수렴청정을 하신 후부터는 비록 공경대신公卿大臣이라도 부복俯伏해야만 했으며 감히 우러러 보지 못했다. 이 때문에 꺼리지 않고 바른 말을 하는 풍속이 날이 갈수록 위축되었으며 임금과 신하가 서로 돕는 도리(交泰之道)는 신의로써 군건해지는 상태를 바라기 어려우니 어찌 애석하지 않을 수 있겠는가? 무학생武學生[147]이 서정西庭에서 사은하는 것을 보

---

146 1418~1483. 조선 세조의 왕비. 예종이 어린 나이로 즉위하자 수렴청정을 하였으며, 성종이 즉위한 후에도 7년간이나 섭정했다. 조선 최초로 수렴청정을 했다.
147 무학武學에 들어가 병서兵書, 궁마궁마弓馬, 무예武藝 등을 익히는 사람.

았는데 유건儒巾[148]을 쓰고 흑삼黑衫[149]을
입고 있었다.

상사께서《두시杜詩》여덟 권을 주셨다.

홍순언이 보내 준 사탕 몇 덩이를 부모
님을 위해 받았다.

수관守寬이 장을 맞았다. 그가 수레를
담당하고 있을 때 사람이 없던 수레의 물
건을 대부분 잃어버리고서 즉시 마련해
바치지 못했기 때문이다. 수관이 소리치
며 우는 모습이 애처로워 차마 볼 수 없
었다. 백원개는 건량 때문에 여러 차례
면직당했는데, 나와서는 나에게 죄가 없
다고 했다. 아! 말이 안 되는 규정을 끌어
대며 듣는 사람으로 하여금 현혹되게 하
니, 어찌 죄가 없을 수 있겠는가?

◉ 명대 환관의 복장
연각 없이 첨이 위로 솟은
관冠을 쓰고, 오른쪽 허리 아래
붉은색 패수를 착용했다.

◉ 명대 대신의 관복
동기董琦(1473-1546)의
초상화로 연각이 가로로 뻗어
있는 모습을 볼 수 있다.

9월 5일, 맑음
북경(자금성 오문 → 예부)

조정에 하직 인사를 드렸다. 오문 밖 어

148 검은 베로 만든 유생의 예관禮冠.
149 소매가 검은색인 예복.

로에서 오배삼개두를 했다. 광록시에서 술을 마시고 밥을 먹은 뒤〔홍순언이 세 잔을 다 마시고는 "황제의 은혜가 그지없다"고 했다〕일배개두로 감사를 표했다. 서반도 절을 했는데, 그는 흠차관欽差官[150]에 임명되어 우리를 요동까지 전송하게 되었다. 고운정이 내게 "어제 보니, 상을 받을 때 귀국 하인의 행렬이 정돈되지 않아서 조정에서 보기에 아름답지 않았습니다. 어찌 예의의 나라 사람이라고 할 수 있겠습니까?"라고 했다. 내가 "이와 같다는 것을 안 지 오래되었으니, 누차 예를 가르치고 익히게 하여 잘못을 저지르지 않게 하고자 하지 않았겠습니까"라고 했다. 고운정이 "재상께서는 저를 좋아하지 않아서 감히 말씀드리지 못했습니다"라고 했다. 부끄러운 마음이 들어서 내가 이 말을 허봉에게 전하자, 허봉은 "송나라 때 홍려시 관원에게 견책을 받은 자가 세 부류 있었는데, 사인士人과 이인夷人과 낙타였다고 합니다. 정렬시키기가 가장 어려웠기 때문입니다"라고 했다. 사람이 낙타에 비교되었으니 어찌 통탄스럽지 않겠는가?

예부에서 당관堂官께 하직 인사를 했다. 당상께서 오시기 전에 당堂 뒤쪽을 둘러보았다. 그곳에는 사연청私宴廳[151]이 있었는데, 좌청座廳을 나와서 삼당상三堂上이 쉬는 곳으로서 건물이 매우 사치스러웠다. 또 비碑 두 기가 있는 각閣이 있었는데, 그중 하나에는 가정 황제께서 손수 쓰신 칙서를 새겨 놓았고, 다른 하나에는 예부를 거쳐 간 사람들의 이름을 새겨 놓았다. 이곳을 나와 대문 근처에 이르러서 역사감생歷事監生을 만나 함께 이야기를 했다. 거인擧人으로 1년 동안 부서의 일을 두루 보고 나면 외직으로 나가 지현知縣의 추관推官이 되는 사람들이 역사감생이다〔이름은 아래 있

194

150 황제의 권한을 대행하여 파견하는 관원.
151 허봉의 《조천기》에 따르면 예부에는 예부 당상들이 정무를 보는 대청大廳이 있고 그 뒤에 교의交椅를 설치하여 당상들이 논의할 수 있는 공간을 마련했으며, 다시 그 뒤에는 연회를 위한 건물(宴廳)이 있다고 되어 있다. 《계산기정》(1803)에서는 이곳을 인청당寅淸堂이라고 기록했다.

다〕. 감생이 말하길 "좨주가 처음 문묘에 이르러 사배를 마친 후 직접 들어 가 향을 올립니다. 그리고 내려와 다시 사배를 하고 나와서 이륜당彝倫堂에 앉습니다. 여러 유생은 월대 아래에서 사배를 하는데 좨주와 사업은 의자에 편안히 앉습니다. 가령 공公, 후侯, 백伯과 새로 급제한 진사(新進士)가 문묘에 절을 하는 경우에도 처마 밑에서 사배를 하는데 좨주와 사업은 편하게 있습니다. 스승을 존중하는 도리 때문입니다. 감생들은 평소에 월대에서 읍을 한 번만 합니다"라고 했다. 요새 벼슬하는 사람 가운데 학문을 좋아하는 사람이 얼마나 있는지를 물어 보았더니, "진실로 많이 있습니다. 가장 우수한 자는 지금 좨주 왕석작王錫爵[152]입니다. 황조에서는 좨주의 선발을 매우 중요하게 여겨, 으레 근시近侍하던 신하로 채워 뽑습니다"라고 말했다. 대개 유생들의 스승을 중요하게 여기기 때문이다.

당상께서 앉고 일어서는 의식을 보았다. 당상관들의 의례는 다음과 같았다. 낭중과 원외랑員外郎, 관정진사觀政進士가 당상의 동서쪽에 서로 마주 보고 서서 함께 가볍게 읍을 했다. 또한 남쪽에 있는 낭관은 남쪽으로 진사를 돌아보고 살짝 읍을 했다. 진사 중에 북쪽에 있는 자들은 북쪽으로 돌아보며 서로 읍을 했다. 감생과 당리堂吏는 차례대로 월대 위에 동서로 나누어 섰다. 당상께서 나와 앉으시니, 낭중 이하가 모두 당상을 향해 서서 읍을 했다. 당상께서 의자 위에서 살짝 읍을 하자, 낭중 이하가 또 나누어 서서 서로 읍을 하고 양쪽 협실夾室 아래로 나가 선 뒤 세 번 읍을 하고서 각자 소속 부서로 돌아갔다. 낭중이 당 밖으로 나가려 하자 감생〔유건을 쓰고 남삼藍衫을 입었다〕과 이원吏員〔관冠은 녹사錄事[153]들의 두건 같았으며 옷은 도

195

---

152 명나라의 문신. 이부상서를 역임했다.
153 조선시대 의정부나 중추원에 속한 경아전에서 기록을 담당하거나 문서·전곡錢穀 따위를 관장하던 관리.

포를 입었는데 간혹 대를 하지 않은 경우도 있었다)들은 당상께 나아가 처마 아래에 서서 한 번 읍을 하고 물러났다.

우리는 이내 월대 위로 나아가 먼저 궤한 뒤 재배했고 다시 궤하고 나서 일어나 한 번 읍을 하고 물러났다. 주객사·의제사 등에 이르러 낭중에게 하직 인사를 했는데 전에 했던 의식과 같았다. 주객사에서 칙서勅書와 상은賞銀을 받았다. 피로인들을 상주하여 돌려보냈기 때문에 칙서를 내려서 포상한 것이다.

명나라 사신 왕학王鶴[154]과 허국許國[155]의 청렴함에 대해 들었다. 왕학은 원령圓領을 한 벌만 가지고 갔는데, 잘못해서 그 소매를 태우자 면사面紗로 덧대어 입었다. 허국은 속옷 두 벌을 가지고 갔을 뿐이며, 번갈아 빨아 입었다고 한다.

---

154 인종仁宗에 대한 황제의 제문祭文을 전달하기 위해 명종 1년(1546)에 조선을 방문했다.
155 융경제의 등극과 연호 개정의 조서를 반포하고자 명종 22년(1567)에 조선을 방문했다.

조선은 명 태조에게 조공국의 직분을 충실히 수행하겠다고 약속했다. 그렇다면 조선이 수행할 '조공'은 무슨 의미를 갖고 있는가? 중국 고대 국가 의례서인《주례》에 따르면, "봄에 천자를 뵙는 것을 '조朝'라 하고, 여름에 뵙는 것은 '종宗', 가을에 뵙는 것은 '근覲', 겨울에 뵙는 것은 '우遇'"라고 한다. 중국의 제후가 매해 봄에 천자를 뵈러 가는 일을 조라고 부르던 것이 점차 시간이 지나면서 정기적인 알현 행위를 대표하게 된 것으로 보인다. 한편《십삼경주소十三經注疏》에서는 "공貢이라는 것은 아랫사람이 윗사람에게 바치는 것이다"라고 했다. 즉 '공'은 물건을 바치는 것을 뜻한다. 따라서 '조공'은 정기적으로 물품을 바치는 것이라고 할 수 있다.

정기적이라 하는 것은 언제를 말하는 것일까? 조공 사신의 파견과 접대는 국가 규모의 큰 행사였던 만큼 아무 때나 이루어지지 않았다. 한반도의 왕조는 아주 오래 전부터 중국에 사신을 파견했지만 정기적으로 사행이 이루어진 시기는 원나라 때부터로 보인다. 고려는 원나라에 대해 조공국이자 부마국이라는 이중의 지위를 가지고 있었고, 원나라는 고려에 정동행성征東行省이라는 행정 기구를 설치할 정도로 양국의 관계는 밀접했다. 이에 따라 원나라의 국가 행사에 고려 사신 파견이 빈번하게 이루어졌고, 이러한 모습은 명나라에 상당 부분 계승되었을 것이다.

명나라는 조공의 횟수, 절차 등을 엄격하게 규정하고 이를 따르도록 주변국에 강요했다. 조선에게 주어진 조공은 1년에 세 번으로 명의 조공국 중에서 가장 높은 빈도였다. 명나라는 조공을 허락하는 것 자체가 자신들 입장에서는 특혜를 베푸는 것이었기에 1년 3공은 매우 특별한 대우였다. 이에 조선은 명 황제의 생일(성절聖節), 황태자의 생일(천추절千秋節), 한 해가 시작되는 정조正朝(음력 1월 1일) 그리고 동지에 정기적으로 사신을 보냈다. 시간이 지나면서 정조와 동지는 하나로 합쳐지고, 정기 사행은 1년에 세 번 정도로 정착되었다. 그렇지만 정기 사행 외에도 명 황제가 조서詔書 또는 칙서勅書를 내릴 경우 이에 감사를 전하는 사은 사신을 보내야 했으며, 조선에서 명나라에 특정 사안을 설명하거나(진주陳奏) 요청할 일(주청奏請)이 있으면 비정기적으로 사신을 파견하기도 했다.

조선의 사신이 정기, 비정기적으로 명나라에 빈번히 왕래하는 가운데 1574년(선조 7, 만력 2) 5월, 조헌은 당시 명 황제인 만력제의 생일을 축하하기 위한 성절사로서 중국에 가게 된 것이다.

4. 조선으로의 귀국길

북경에서 의주까지(9월 6일~10월 10일)

9월 6일, 비

북경(회동관) → 순천부(반변점 → 통주)

행장을 꾸려 귀국길에 올랐다. 상사가 가죽 신발창과 털모자를 나누어 주었다. 송대춘에게 장을 치려다 말았다

제독이 질문에 답하는 내용을 보내왔다. 제독의 답장은 별폭別幅에 자세히 적어 놓았다.

조양문 동쪽에 있는 숭문문崇文門을 나와 금수하金水河를 지났다. 성 안 옥하의 모든 물길이 금수하로 모여 흐른다. 선박들 중 통주에서 출발해 북상하는 것들은 모두 여기에 정박한다. 강을 따라 심어 놓은 버드나무가 통주까지 이어져 있다.

반변점半邊店[1]에 있는 하서河緒의 집에서 쉬었다.

윤화정尹和靖[2] 선생은 물건을 둘 때도 일정함이 있다고 한다. 선생께서는 호구사虎丘寺에 3년 동안 계실 때 무릇 물건을 둘 때도 항상 일정한 곳에 두고 시종 변하지 않았다. 절의 승려가 말하길 "평생 주공周公과 공자가 어떠한 사람인지 몰랐는데 지금 이 분을 보니 정녕 그들과 같은 부류일 것이다"라고 했다.

통주 노하潞河[3] 근처 맹수약孟守約의 집에서 묵었다.

등계달滕季達이 허봉에게 사람을 보내왔다. 숭문문 밖에서 등계달을 기다렸지만 만나지 못했는데, 정유일에게 보내는 답장과 시 일곱 수를 봉하여 〔자중子中 정유일, 이견而見 유성룡, 미숙 허봉, 백형伯亨,[4] 권대수權大手,[5] 한호韓灝,[6]

---

1 순천과 통주 중간 지점에 위치한 점店.
2 1071~1142. 송나라의 학자인 윤돈尹燉.
3 북경시 동남쪽 북운하北運河. 백하白河라고도 한다.
4 윤담휴尹覃休(1544~1585). 조선 중기의 문신. 본관은 파평. 자는 백형, 호는 한계寒溪. 사간원의 정언과 통례원의 좌통례左通禮 등을 역임했으며 문장에 능했다.
5 권벽權擘(1520~1593). 조선 중기의 문신. 본관은 안동. 자는 대수, 호는 습재習齋. 시문에 뛰어나 명나라로 내왕하는 외교문서를 주관했다.

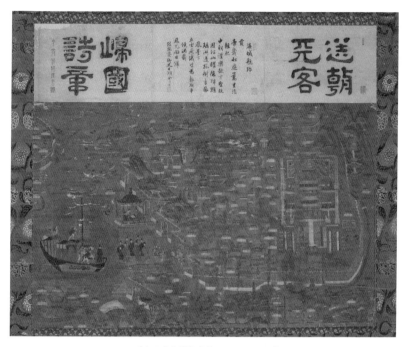

⊙ 〈송조천객귀국시장 送朝天客歸國詩章 〉

명나라에 조회를 왔다가 고국으로 돌아가는 조선 사신을 금유심金唯深이 전송하는 광경이다.

국립중앙박물관 소장.

양대박梁大樸[7]에게 각기 오언고풍五言古風[8]으로 글을 지었다〕 통주로 보내왔다〔(按)

백형伯亨은 윤담휴의 자字다. 대수大手는 권벽의 자다〕.

---

6 1543~1605. 조선 중기의 명필가. 본관은 삼화三和, 자는 경흥景洪, 호는 석봉石峯·청사淸沙. 추사 김정희와
   함께 조선 서예계의 쌍벽을 이루었다. 글씨로 출세하여 국가의 여러 문서와 명나라에 보내는 외교문서를 도
   맡아 썼고, 중국에 사절이 갈 서사관書寫官으로 파견되었다.

7 1544~1592. 조선 중기의 의병장. 본관은 남원, 자는 사진士眞, 호는 송암松巖. 성혼의 문인으로 명망을 얻었
   다. 1592년(선조 25) 6월 고경명高敬命이 담양에서 의병을 일으키자, 고경명을 맹주로 추대하고 유학幼學 유
   팽로柳彭老와 함께 종사관從事官으로 활약하다 진중에서 과로로 죽었다.

8 고체시古體詩. 중국 육조시대六朝時代에 그 이전 시대의 고대 시를 일컫던 말로 주로 한대의 시를 가리켰다.

9월 7일, 맑음
순천부(통주)

김영운金永雲과 박희남朴希男이 선래통사先來通事[9]가 되었기에 가서家書를
그들에게 부쳤다. 정주목 판관에게 편지를 썼는데 그가 기생을 보낼 것을
염려해서였다. 또한 허자신許子新[10]과 최대중崔大中[11]에게도 편지를 썼는데
정망停望[12]을 요구하기 위해서였다. 또한 중회仲懷[13]와 택중澤仲 등에게도
편지를 썼다.

유심兪深이 만나러 왔다. 유심의 자字는 심지深之로 찬선贊善 허국의 친
척이다. 안휘성 흡현歙縣 출신이며 허국을 따라와 북경에 있었다. 한림원
서사書寫가 되어 돈을 받아 생활한다. 일찍이 허국을 따라 조선에 와서 홍
순언과 교유를 맺었기 때문에 홍순언이 북경에 올 때면 매번 먼 곳까지 전
송을 했다. 신의가 있는 사람이다.

유심에게 황상께서 부지런히 강학講學하시는 것에 대해 들었다.
3·6·9일에는 정사를 거르시는 일이 없고, 그 나머지 날에는 비록 몹시
춥거나 더워도 경연을 폐하지 않으셨다. 사서의 경우 막《맹자》를 강하셨
고,《강목綱目》은 〈당기唐紀〉에 이르렀다. 날이 밝으면 문화전文華殿에 자리
하시고 강관들은 서서 강을 한다. 황상께서 앞에 책을 펴 놓고 강관이 뒤
돌아 외우면서 강을 한다. 강학이 끝나면 각기 시무 정무를 진달한다. 또
한 편액용 글자 쓰시는 것을 좋아하시어 '경외敬畏'를 써서 각로閣老에게
하사하시고, '책난진선責難陳善' 네 자를 써서 경연관에게, '정기솔속正己率

---

9 업무를 마친 조선 사신단이 북경에서 출발하기 전에, 미리 통사를 차출하여 귀로의 지방관에게 귀국 일정
   을 알림으로써 이동을 원활하도록 하였다.
10 허명許銘(1539~?). 조선 중기의 문신. 본관은 양천陽川. 자는 자신. 허봉과는 급제를 같이한 사이였다.
11 최운보崔雲溥(1548~1575). 조선 중기의 문신. 본관은 강릉. 자는 대중, 호는 내한內翰. 1574년(선조 7) 이조낭
   청吏曹郎廳에 의해 홍문록弘文錄에 이름이 올려졌다.
12 죄 있는 사람을 관직에서 물러나게 하는 일.
13 송선宋瑄(1544~1629). 조선 중기의 문신. 본관은 여산礪山. 자는 중회, 호는 목옹木翁. 김근공과 민순의 문인

屬'네 자를 써서 6부의 상서들에게 하사하셨다. 허심탄회하게 질문하는 것을 좋아하시어 성학聖學이 날로 고명高明한 경지로 나아가고, 아랫사람들의 의견이 빠짐없이 전달될 수 있어 모든 정무 중에 처리되지 않음이 없었다. 오후가 되면 그제야 강을 끝내고 강신講臣들에게 연회를 베풀어 주시며 총애하고 예우하심이 두텁다고 한다. 오호라! 황상이 이제 겨우 열두 살인데 군주의 덕이 이미 이와 같이 드러났으니 만약 후일에도 오랫동안 계속해서 정진하신다면 곧 사해四海의 모든 백성이 그 복을 받을 것이니, 어찌 멀고 가까운 차이가 있겠는가!

배를 빌려 노하에 띄우고 놀았다. 강 한가운데에서 술을 마셨다. 배를 저어 성 북쪽 모퉁이에 이르러 유연兪淵을 내려 주었다. 유연이 물가의 중선中船 중에 방아(碓砧) 모습을 한 배를 보고 말하기를 "일찍이 호서湖西에서 도적질을 하고 있는 배를 보았는데 모두 이와 같은 모양이었습니다"라고 했다. 배 안에 각기 작은 불상을 모셔 놓고 다녔다. 돌아가려는데, 어사를 경상境上까지 송별하고 돌아오는 통주 유생들을 보았다. 모두 유건儒巾과 남삼藍衫을 착용했는데, 왕무관王懋官, 장세○張世○, 오송吳松이었다. 이들로부터 전 어사 왕대순王大順이 향약의 시행을 권장했다는 말을 들었다. 예부의 자문咨文이 아직 도착하지 않았기 때문에 송대춘을 경사京師에 보내려고 했는데 도중에 반송사를 만나 함께 돌아왔다.

이다. 1589년 기축옥사로 목숨을 잃은 이발李潑·이길李洁 형제의 시신을 염해 주었다가 파직되었다. 이듬해 당진 현감이 되었으며, 임진왜란 중에는 기근의 구제를 잘해 명망을 얻었다.

9월 8일, 흐림

순천부(노하 → 아교포 → 하점 → 삼하역)

왕정시王庭詩의 어짊에 대해 들었다. 예부에서 자문에 인장을 찍어 보내는 일로 상서 만사화가 홀로 왔는데 두 시랑은 아직 오지 않았다. 왕정시는 낭중으로서 우리가 많이 기다릴까 봐 염려하여 종일토록 예부에 머무르며 시랑이 오기를 기다렸다. 만일 부지런하지 않다면 능히 이와 같을 수 있겠는가?

순천부 수레꾼이 이마관理馬官[14]의 머리를 때려서 다치게 했다. 서반으로 하여금 그를 벌주게 했다.

노하를 건너 양楊 상서의 묘를 지났다. 규모가 크지는 않았고, 절반은 벽돌로 쌓았으며 그 위에는 적토를 얹어 놓았다. 앞에는 향로를 놓는 돌 이외에는 다른 석물이 없었다. 둘러싼 담장은 넓은 방형이었고 담장 남쪽에는 문이 있었다. 묘는 평원에 있었다.

안교포雁郊鋪를 거쳐 유가둔柳家屯의 곽안郭安의 집에서 쉬었다.

지방민의 개가改嫁하는 풍속을 들으니, 혼인할 때 은 100여 냥을 사용해 폐백을 준비하고 또한 친영례親迎禮를 행한다. 남편이 죽어서 부인이 다른 사람과 혼인하려면 부인은 시댁에 100냥을 돌려준 연후에야 다른 사람과 혼인할 수 있다. 아직도 옛 오랑캐의 풍습이 남아 있는 것이다.

하점夏店에서 예전에 차를 마셨던 집을 지났다. 그 집 주인이 나와서 대화를 하고자 했으나 바빠서 이야기를 나누지 못했다.

---

14 말을 관리하는 관원을 뜻한다. 허봉《조천기》에는 말과 관련하여 압마관, 이마관, 양마관이 등장하는데, 압마관이 나머지 두 관원을 관리했던 것으로 보인다.

15 1504~1569. 조선 중기의 문신. 본관은 광산光山. 자는 방보邦寶, 호는 독송정獨松亭. 1552년 청백리에 녹선錄選되었다. 1569년 기묘사화 때 화를 당한 조광조 등을 현자로 추대할 때에 조광조를 비방한 사실이 드러나 관직을 삭탈당했다.

16 생몰년 미상. 조선 중기의 문신. 본관은 여흥驪興, 자는 중정中正. 홍문관교리 · 여주 목사 등을 역임했다.

17 1538~1593. 조선 중기의 문신. 본관은 의성, 자는 사순, 호는 학봉鶴峯. 선조 1년(1568)에 증광 문과에 급제

저녁에 삼하역三河驛에 도착해 나무 그늘에 앉아 대화했다. 김개金鎧[15]가 사신이 되었을 때 작은 잘못에도 화를 내는 일이 많아 수행하는 하인들 중에 벌을 받지 않은 자가 없었다. 당시에 같이 간 서장관 민시중閔時中[16] 역시 성질이 급하고 포악한 사람이어서 상사가 오히려 너그럽게 보일 정도였으니 일을 제대로 다스릴 수 없었다고 한다. 성격이 이와 같이 삐뚤어져 있어서 민시중이 청주 목사가 되었을 때 류성룡이 부모의 문안을 살피기 위해 고향에 내려갔었는데, 감사가 청주에 있다는 핑계로 사순士純 김성일金誠一[17]의 행동과 달리 왜인을 대접하는 관소에서 접대했다. 해운海運 판관判官 최황崔滉[18]이 청주에 들어왔을 때는 자기에게 공례公禮를 받았다며 만나는 사람마다 욕을 하고 헐뜯었다. 박상朴祥과[19] 신거관愼居寬[20]에 비하면 어찌 하나같이 서로 차이가 나는가?

박상 공께서 수령이 되었을 때 당하관인 사신을 공경히 영접하니 사신이 감히 받지를 못하고 들어갈 것을 청했다. 이에 박상 공이 "나는 임금의 명에 따라 공경히 기다려야 하며 감히 들어갈 수 없습니다"라고 하니 사신이 마침내 들어갔다. 신거관 공께서 여주 목사가 되었을 때 진식陳寔[21]이 사신으로서 역시 공에게 먼저 들어갈 것을 청했지만, 공께서는 예에 따라 거절했다. 민시중은 어떤 사람이기에 감히 사명使命을 잘못되었다고 여기는가? 이홍남李洪男[22]이 여주 목사가 되었을 때 호송관護送官 박사공朴思恭이 뿔피리를 불며 주州에 들어오는 것에 화가 나서 동헌 창 밖에서 밤새 뿔피리를 불도록 했으니 민시중과 비교해서 차이가 있겠는가. 어떤 이가 "김개 공의 일은 실로 당시 어떤 일로 인하여 그토록 화를 냈는지 실제로

하고, 1590년에 통신 부사로서 일본에 가서 실정을 살핀 후, 침략의 우려가 없다고 보고했다. 임진왜란이 일어나자 경상우도 관찰사로 임명되어 의병을 규합하고 군량미를 확보하는 일 등에 힘썼다.

18 1529~1603. 조선 중기의 문신. 본관은 해주海州, 자는 언명彦明, 호는 월담月潭. 1592년 임진왜란 당시 평양까지 선조를 호종했으며, 왕비와 세자빈을 배종하여 희천에 피난했다.

19 1474~1530. 조선 중기의 문신. 본관은 충주, 자는 창세昌世, 호는 눌재訥齋. 중종반정으로 폐위된 단경왕후端敬王后 신씨愼氏의 복위를 주장했다. 아울러 박원종朴元宗 등 3훈신勳臣이 임금을 협박하여 국모를 내쫓은 죄를 바로잡기를 청하다가 중종의 노여움을 사서 오림역烏林驛으로 유배되었다. 단경왕후 신씨 복위에

모르지 않겠는가. 또한 어찌 그의 소견이 올바른지 알겠는가"라고 말했다. 허봉이 말하기를 "김개가 아뢴 글을 보면 말도 안 되는 말을 난발하며 청의淸議를 힘써 배척하려 했으니, 그는 비록 나의 족속이지만 그가 소인 중의 소인이라는 것은 확실히 알 수 있다"라고 했다.

9월 9일, 맑음
순천부(백간포 → 계주)

수레가 늦게 도착했기 때문에 상사가 통사 홍순언과 안정란의 잘못을 기록하려고 하자 서장관이 분명히 확인하고(分析)는 그의 죄가 아닌데도 잘못을 기록하는 것은 편치 않은 듯하다고 말했다. 상사가 "이는 경박한 말이다"라고 하자, 허봉은 화가 나서 방으로 들어갔고 상사는 자못 후회하는 기색을 보였다. 배로 초교하草橋河를 건넜다. 내가 일산으로 해를 가리려 하자 허봉이 "그대는 답답한(硬底) 생각을 가지고 있군요"라고 했다. 나는 그래도 반 리를 가리고 가다가 백리해百里奚[23]가 더운 날 가리개를 펴지 않은 일을 생각하고는 비로소 일산을 치웠다. 허봉이 돌아보며 말하길, "더울 때 가리개를 펴는 것도 저는 지나치다고 생각하는데 어찌 이러한 행동을 가을 하늘에까지 할 수 있겠습니까?"라고 했다.

백간포白澗鋪 남촌南村에서 쉬었다. 군사용 수레 수십 대를 보았다. 수레 위에 누樓가 있어 네 명이 탈 수 있는 것이 두 대, 누에 북을 건 것이 두

관한 상소는 강상綱常을 바로잡은 충언이라 하여 조광조가 극구 칭찬했다.

20 1498~1564. 조선 중기의 문신. 본관은 거창居昌. 자는 율이潾耳, 호는 독재獨齋. 1545년(명종 즉위)에 을사사화가 일어나자 윤원형에 의하여 관작을 삭탈당하고, 1550년에 평해로 유배되었다. 1551년에는 양주로 이배되었다가 1553년에 석방되어 1555년에 여주 목사로 서용되었다. 형세와 이익에 미혹되지 않는 강직한 성격으로 인해 윤임·윤원형 등의 외척 세력에게 박해를 받았다.

21 1519~1568. 조선 중기의 문신. 본관은 여양驪陽. 자는 낙이樂而. 1564년 명나라에 성절사로 다녀왔다. 권신 김안로의 횡포에 맞서 그 일당을 탄핵하는 등 기개가 높았다.

대 있었으며, 한 면의 판이 방패와 같이 이격離隔되어 있는 것이 수십 개였다. 대개 물길의 입구와 성벽이 끊긴 곳에 배치해 오랑캐를 방비하려는 것이었다. 나귀 혹은 노새에게 끌게 했고, 보병 수천은 군기軍器를 지고 가고 있었다. 물어보니, "달자 40만이 장성 밖 석문채石門寨[24]에 엄청나게 모여 있기 때문에 척戚 총관 척계광과 중군장中軍將 예선倪善이 2만을 이끌고 그곳으로 가는 것입니다"라고 했다. 군인들은 지나가는 사람을 약탈하지 않았으며 나귀들에게 밭의 곡식을 먹이지 않으니, 중국의 정령政令이 엄격하지 않다면 어찌 이렇겠는가!

계주 막위충의 집에서 숙박했다. 계주 지주知州[25]가 날마다 술을 즐기며 죄 없는 자를 멋대로 죽인다고 한다.

저녁에 뜰에서 큰 잔으로 술 아홉 잔을 마셨다.

9월 10일, 맑음

순천부(야산점) → 옥전현 대각사

백선 두 자루로 기학한紀學韓이 가지고 있던 《참동계參同契》[26]를 샀고, 벼루 하나로 《고수부담孤樹裒談》[27]을 샀다. 기학한은 명나라 사신 성헌成憲의 친족이다. 지주가 어떤 사람이냐고 물으니, "진사입니다"라고 하기에, "진사라면 어찌 술을 마시고 사람을 죽이는 일이 생깁니까?"라고 물으니, "진실로 제대로 된 사람이 아니라면 비록 진사라고 해도 백성이 그 재앙을 받게

---

22 1515~?. 조선 중기의 문신. 본관은 광주. 자는 사중士重, 호는 급고자及古子. 1549년 평소 사이가 좋지 않던 동생 홍윤洪胤이 조정을 비난하는 말을 하자, 동생이 모반을 도모한다고 무고하여 처형당하게 했다. 장단 부사로 있을 때 백성을 학대한 죄로 파직되었다가 1561년 공조참의로 서용되었다. 1569년(선조 2) 동생을 무고한 사실이 드러나 삭직되었다.

23 진나라의 현인이자 정치가. 뛰어난 능력을 가졌지만 인정받지 못하고 천하를 떠돌다가 진나라 목공繆公에게 발탁된 이후 진나라를 강성하게 만들었다. 재상이 된 이후에도 검소하여 수레를 타지 않고 더운 날에도 일산을 펴지 않았다는 고사가 전해진다.

됩니다"라고 했다.

듣건대 손학孫鶴이 훔치고 속이는 짓을 잘하며 여색과 술을 좋아해, 사사로이 관부館夫로부터 채소 값을 받아 술을 사 마시고 또 생선을 훔쳤으며 길에서 한인의 처에게 손을 댄다고 한다. 제멋대로 하는 습관은 극에 이르러도 저절로 그치지 않는다.

대하교大河橋를 건넜다. 돌로 다리를 고정시켰다.

약산점藥山店에서 휴식을 취했고, 옥전현의 대각사大覺寺에서 숙박했다. 대각사의 승려들이 대추 두 그릇을 가지고 와서 대접했다. 받아 두었는데, 한 그릇은 서장관에게 드릴 것이다. 작은 일을 살피지 않으면 곧 큰 허물이 되니 어찌 두렵지 않겠는가?

서반 또한 절의 뒷방에서 숙박했는데, 제공받은 장막이나 음식이 매우 사치스러웠다. 서반이 흠차欽差였기 때문에 큰 손님이나 고관高官이 찾아온 것처럼 대접했다. 고운정이 또한 보고하러 갔는데, 그것이 전례다.

오랑캐가 거병했다는 것을 듣고서 시를 지었다.

四海均蒙聖主仁 사해가 모두 성주의 인을 입으니

鑿耕方樂太平春 바야흐로 즐겁게 땅을 가는 태평한 봄이로세

天乎速滅天驕子 하늘이여 서둘러 천하에 교만한 무리들을 없애 버려

莫使明民殀一人 한 명의 명나라 백성도 죽게 만들지 마소서

208

---

24 하북성 무령현 동북쪽 80리에 있었다. 명나라 때 이곳에 성을 쌓고 참장·주수駐守를 두었다.

25 명, 청나라 때 주州의 장관長官.

26 《주역참동계周易參同契》의 약칭. 동한東漢 위백양魏伯陽이 지은 책으로《주역》을 이용하여 도가의 양생법을 설명했다.《주자대전》에도 이 책에 대한 제문題文이 실려 있으며 조선 지식인들도 많은 관심을 가졌다.

27 명나라 때 이묵李默이 명 태조에서 무종武宗 때까지 항간에서 떠도는 이야기들을 편년체로 기록한 소설.

9월 11일, 아침에 흐리다가 오후에 비

순천부(사류하 → 풍윤 → 홍법사)

성 안에서 절부節婦 엽씨葉氏의 정문旌門을 지나 사류하沙流河 도로의 남쪽 인가에서 쉬었다. 사류하에서 음녀 세 명이 이관李寬을 잡고 유혹했는데 매우 음탕했다.

남송南宋 조원환趙元煥은 재주가 많았다고 한다. 한 번은 황제께서 밤에 돌아올 때 만 개의 횃불을 밝히라고 명령하자 조원환은 인가의 창문 밖에 있는 수렴을 말아서 불을 붙이게 했는데, 그 수가 만에 이르렀다고 한다.

목란木蘭이 아직 시집가지 않았을 때 아버지가 장차 멀리 변방의 병졸로 가게 되자 아버지가 연로한 것을 걱정해 남장을 하고 대신 갈 것을 청했다. 변방에 도착한 지 12년이 지나 돌아왔는데 그동안 사람들은 여자인지를 몰랐다고 한다.

풍윤豐潤에 도착했다. 병비어사兵備御史[28]가 순행하여 이곳 풍윤에 도착하자 계주의 관원이 멀리까지 영접하러 왔고, 영평의 관원은 멀리까지 전송하러 왔기에 성중 관부에 발 들일 곳이 없었다.

홍법사弘法寺에서 숙박했다. 밤에 이야기하다 들으니, 자헌資憲 김순고金舜皐가 고금의 병법을 잘 알았는데 최원崔遠이 착호대장捉虎大將[29]이 된 것을 듣고는 탄식하며 '이렇게 경망한 사람이 난데없이 중임을 맡았으니 일이 잘못되지 않겠는가!'라고 했다. 과연 그의 말대로 자신은 준마를 타고서 선두로 나아가서는 무기를 많이 짊어진 군사들에게 지체한다고 죄를

---

28 병비도兵備道의 이칭으로 보임. 명대에는 병비도를 각 주요 지역에 파견해 군비의 상태와 주요 기무를 감찰 하였다. 허봉의 《조천기》에는 청군어사淸軍御使로 되어 있다.

29 조선시대 호랑이가 사람을 습격하는 일은 그 피해가 제법 컸다. 이에 조선 정부에서는 착호捉虎 혹은 포호 捕虎를 중앙 및 지방 군영의 주요 임무로 부과하였고, 착호장捉虎將을 임명해 호환虎患의 피해를 줄이고자 했다.

주니 쓰러져 죽는 사람이 많았다고 한다.

혹자가 말하길, "지금의 언관들은 격하게 논박하는 것을 너무 좋아합니다. 다른 사람의 비방을 하나라도 들으면 시비를 분별하지 않고 모두 논핵하여 감당하지 못하고 결국 없는 죄를 받게 만듭니다. 또 합격 동기(同榜) 중에서는 연소한 자를 으뜸으로 삼고 연로한 사람을 다음으로 친다고 하는데, 이러한 풍조가 확대되어서는 안 됩니다"라고 했다. 이런 말이 비록 원망에서 나왔다 해도 우리는 살피지 않을 수 없다.

9월 12일, 맑음
영평부(진자점 → 칠가령)

아침에 성 동문을 나서서 진자점 성중城中의 후우侯遇의 집에서 휴식을 취했다. 후우의 집에는 돌아가신 외할아버지 왕王 염장鹽場의 화상畫像이 있었다. 파직을 당해 고향으로 돌아가는 날에 남쪽 사람들이 전별로 준 그림이다.

중원의 제도에서는 중벌을 받아 민民이 된 경우를 제외하고 황제가 파직시켜 그만둔 경우에는 모두 관대를 하며 생활하는 것을 허락한다. 이 때문에 왕염장이 비록 파직되어 귀향했지만 그림에는 사모紗帽를 쓰고 뱃머리에 서 있었다. 왕염장은 칠주漆州 사람이다.

성문을 나서는데 '음녀를 쫓아내고, 무뢰배를 받지 않는다'는 등의 방榜

이 있었다.

여정 중에 달자의 소식을 들었다. 박지진이 말하길, "가령 달자들이 갑자기 성을 포위한다면 어떻게 벗어날 수 있겠습니까?" 했다. 나는 "그들이 비록 많이 와도 제가 미리 준비하면 제압할 수 있을 것입니다"라고 했다. 또 "어떻게 제압합니까?"라고 물었고, 나는 "그들이 성을 포위하려고 할 때 먼저 몇 명을 성 밖으로 내보내, '너희들은 각 마을로 가서 사람들에게 허수아비 10여 개와 횃불 여러 개를 만들어 평야나 산 정상처럼 저들이 잘 볼 수 있는 곳에 열 지어 세우도록 하며, 횃불 하나당 각각 허수아비 네 개를 설치해라. 또 산사山寺에서 북을 가져오되 북이 없으면 동기銅器를 가지고 5리마다 하나씩 설치한 뒤 사람들로 하여금 나누어 지키게 해라. 밤이 되어 성중에서 포를 쏘는 소리가 들리면 일시에 횃불에 불을 붙이고 북을 치도록 하라'고 약속을 정합니다. 또 성중에서는 여자를 남자처럼 꾸며 성곽 사이마다 세우고 용감한 병졸 중 몇몇을 선발해 유격대로 삼습니다. 그 후 먼저 유격대 400명으로 하여금 단병短兵[30]을 가지고 나가서, 한 번 진격하면 적을 공격할 수 있는 곳에 미리 숨어 있다가, 성중에서 포격 소리가 들리면 크게 소리치며 곧장 진격해 적의 의표를 찌릅니다. 그렇게 되면 저들은 원래 한인을 멸시하여 평소에 방비를 하고 있지 않다가 갑자기 속공을 받은 데다가 또 멀리 횃불을 바라보고서 대규모의 원병이 도착한 것 같다고 의심해, 마음속으로 반드시 두려워할 것이며 그 진형은 반드시 동요할 것입니다. 만일 그들의 진형이 동요한다면 크게 '진형이 동요되었다'고 소리치게 하고 또 성에서는 계속해서 500명을 내보냅니다. 앞서 나간 사

---

30 적과의 근접전에서 사용하는 길이가 짧은 병기.

람들은 힘이 떨어질 때가 되면 성으로 돌아와 식사를 합니다. 성곽 위에서 병졸들은 각기 크게 소리 지르며 북과 뿔피리를 불어 군대의 공격을 북돋습니다. 그러면 오랑캐들은 분명 자연히 흩어질 것입니다. 그러나 이 일은 반드시 평소 훈련(撫訓)이 잘 이루어져 있어서, 장수는 병사의 마음을 잘 알고 병사는 장수의 권위를 엄격하게 여겨야 합니다. 그런 연후에 갑자기 급변을 당해 군령을 내리되, 명령을 따르면 상을 받고 어기면 반드시 죽임을 당한다는 것을 알게 해, 사람들이 장수를 두려워하고 오랑캐를 두려워하지 않는다면 1000명의 병사를 잘 써서 억만과도 대적할 수 있습니다"라고 했다.

저녁에 칠가령 유구이의 집에서 숙박했다.

9월 13일, 비가 옴
영평부(칠가령 → 청성사 → 대·소난하 → 영평부성)

가는 길에 청성사清聖祠[31]에서 참배했다. 칠가령으로부터 70리쯤 가서 동쪽으로 작은 길에 들어가 옛 고죽성孤竹城에 이르렀다. 성의 뒤쪽에는 난하灤河가 흘렀고 옛 성가퀴는 여전했다. 서남쪽으로 문이 있고 위에는 '고죽성', 아래에는 '인현구리仁賢舊里'라고 쓰여 있었으며, 또 패문牌門이 있는데 밖에는 '청성사', 안에는 '칙사청절사勅賜淸節祠'라고 되어 있었다. 그 좌우에 있는 소문小門 위 왼쪽에는 '천지강상天地綱常', 오른쪽에는 '고금

---

31 은나라 시기 고죽국孤竹國의 왕족인 백이와 숙제를 모신 사당으로 이제묘夷齊廟라고도 불렸다. 청성사는 묘역 정당正堂의 이름이다. 유교 역사상의 현인을 기리는 의미에서 조선 사신들이 항상 방문했다. 문화혁명기 때 파괴된 것으로 알려지며, 현재 하북성 당산시唐山市 손설영촌孫薛營村 부근의 수양산에 위치했던 것으로 추정된다.

◉ 강세황이 그린《영대기관첩瀛臺奇觀帖》이제묘
백이숙제의 사적지는 유교 사회 속 조선 지식인들에겐 필수 답사 경로였다.
국립중앙박물관 소장.

사범古今師範'이라고 쓰여 있었다. 대문의 편액은 '백이숙제伯夷叔齊'였고, 위에는 '상고일민上古逸民'라고 썼다. 그 위에 또 염완문廉頑門, 입나문立懦門이 있었다. 그 위쪽에는 비각碑閣이 있었다. 두 번째 문의 편액은 '백세지사百世之師'였다. 문에 비 세 기가 있었는데 가운데 비에는 공자의 말씀이, 왼쪽 비에는 "증자가 말하길 백이숙제는 하수河水·제수濟水 지역에 살면서 비옥한 토지와 넉넉한 곡식은 가지지 못했지만, 그들의 말은 문장이 되었고 행동은 천하에 표준이 되었다"라는 글이 쓰여 있고, 오른쪽 기둥에는 맹자의 말씀이 있었다. 바깥뜰의 좌우에 비각이 있었고, 안뜰의 좌우에 비 네 기가 있었는데, 모두 명나라에서 청성사를 설립한 뜻을 적었고 그중 하나는 금나라에서 세운 것이었다.

당문堂門의 편액은 '명조봉사明朝封祀'라고 되어 있고, 왼쪽은 '염완廉頑' 오른쪽은 '입나立懦'라고 썼다. 당堂 안에는 두 분의 상이 있었는데〔재배했다〕보후黼哻³²를 씌우고 현의玄衣를 입혀 은나라 사람처럼 꾸몄다. 그 앞에는 위판位版이 있었고 왼쪽에는 '소의청혜공昭義淸惠公', 오른쪽에는 '숭양인혜공崇讓仁惠公'이라고 썼다. 당의 좌우에 각각 낭무廊廡³³ 일곱 칸이 있었는데, 제사 지낼 때 제사 물품을 확인하고 정돈하는 곳이다.

당 뒤쪽에는 읍손당揖遜堂이 있었다. 읍손당 문 밖에는 '인현조적仁賢肇跡', 안에는 '평란상경平灤上境'이라고 썼으며, 좌각문左角門에는 '관천盥薦'을 우각문右角門에는 '제명齊明'이라고 썼다. 읍손당 뒤에는 벽돌을 쌓아 대臺를 만들었는데 편액에는 '청풍대淸風臺'라고 했다. 청풍대 위에는 정자가 있었으며 정자 앞쪽에는 '채미정採薇亭', 뒤에는 '청풍고절淸風高節',

---

32 수를 놓은 은나라의 관冠.
33 정전正殿에 부속된 건물.

안에는 '북해지빈北海之濱'이라고 편액을 달았다. 청풍대 위에 있는 정자 서쪽에는 층계가 있었고 층계에는 문이 두 개가 있어 왼쪽에는 '백대산두 百代山斗 고답풍진高踏風塵', 오른쪽에는 '만고운소萬古雲霄 대관환우大觀寰 宇'라고 쓰여 있었으며, 안팎으로 겹겹이 글이 있었다.

청풍대 뒤쪽에서는 난하를 굽어볼 수 있었고, 또한 층계를 쌓아 강가에 접하도록 했다. 강 가운데에는 섬이 있었으며, 섬에는 사당이 있어서 신선 이 사는 곳 같았다. 항간에서는 고죽국 임금의 사당이라고 한다. 영평부의 관원과 인근 현의 관원이 매번 봄·가을에 청성사에서 제사를 지낸 후 배 를 타고 사당에서 음복한다. 이 세상에 태어나서 청명하고 깨끗한 지역을 유람하니 진실로 행운이라고 할 수 있다. 섬의 서쪽에 암석이 있었는데 바 로 강의 중간 지점에 드러나 있어 그 위에 돌을 세우고 '중류지주中流砥柱' 라고 새겼다. 그윽하고 조용하며 탁 트였으니, 진실로 성인이 거주하기에 마땅하다. 아울러 백이숙제를 높이 숭상하며 깨끗한 덕을 칭송하고 있으 니, 이 세상에서 황조는 영원히 무궁할 것이다.

다음과 같이 시를 지었다.

胸中都是絶毫私 가슴속에서는 터럭의 사사로움마저 모두 끊어 내었고
高節長扶萬古彝 높은 절개는 오래도록 부지하여 만고에 떳떳하도다
願得淸風薰一仰 백이숙제의 청풍한 바람을 한 번 우러러 볼 수 있기를 바랐으나
醒然起我懦頑資 나의 게으르고 부족한 자질이 일어남을 깨닫노라

또 다음과 같이 지었다.

拜瞻孤竹二賢人　고죽의 두 현인을 우러러 배알하며

深慕當年兩得仁　옛적에 두 분이 인을 얻은 일을 깊이 사모했네

弊屣任看尊富位　높고 부귀한 자리를 헤진 신으로 버려두고

芳薇扶起古今倫　향기로운 고사리로 고금의 윤리를 부지했도다

淸風激處頑夫恥　청풍은 곳곳마다 불어오니 완악한 이들이 부끄러움을 느껴

舊惡忘時薄俗淳　오래된 악습들이 사라질 때 부박한 풍속이 도타워지는구나

東海小生欽仰久　동쪽 나라의 소생이 삼가 우러러 본 지 오래다가

臨墟猶覺爽心神　옛 터에 오니 도리어 심신이 시원해졌네

　　청성사 안쪽에서 술 몇 잔을 마셨다. 술을 마실 때 지금의 사관은 예전 같지 못하다는 의견이 있었다. 가령 계유년 사건[34] 때 감추었던 이름을 또한 사서史書에 쓰지 않았는가? 따라서 그 견해가 옳았다. 정도전이 실제로는 명나라에 보내는 표문에 피해야 할 글자를 잘못해서 써 버렸기에 황제가 진노해서 표문을 지은 사람을 보내라고 명하자 정총鄭摠을 대신 보냈는데 멀리 운남雲南으로 유배 갔다가 살아 돌아오지 못했다고 하니 어찌 애석하지 않겠는가. 허봉이 "정총〔정곤수鄭崑壽[35]의 먼 조상이다〕도 고려의 선비로 임금을 버리고 나라를 팔았으니 어찌 죄가 없다고 하겠는가?"라고 했다.

34　계유정난癸酉靖難을 말한다. 수양대군이 단종을 보좌하고 있던 황보인, 김종서 등의 원로대신을 제거하고 정권을 잡은 사건.

35　1538~1602. 조선 중기의 학자. 본관은 청주淸州, 자는 여인汝仁, 호는 백곡栢谷.

저녁에 소난하·대난하를 건너다, 물이 매우 맑고 구름과 달이 서로 가리니 감회가 들어 시를 읊조렸다.

聖德遍覃遠國臣 성덕은 먼 나라의 신하에게까지 두루 미치고

灤河千古作通津 난하는 장구히 나루를 통과하는구나

何緣挹此淸流水 어떻게 이 맑은 물을 떠서

永洗陰山胡虜塵 음산의 오랑캐가 일으킨 먼지를 영원히 씻을까?

영평성에서 유숙했다.

9월 14일, 맑고 바람
영평부(영평부성)

영평성 남쪽의 주대보의 집에서 머물렀다. 처음으로 《제감도帝鑑圖》[36]를 보았다. 각로閣老 장거정張居正, 각로 여조양呂調陽[37]이 지은 것이다. 해옥海嶽 허국이 일찍이 이계진에게 보내 진상했다고 한다.

백원개가 영평성에 들어가서 소식을 탐문했는데, 달로達虜와 합라哈剌 등의 오랑캐가 이달 보름쯤에 진영을 움직여 장차 의원구義院口, 희봉구喜峰口 등으로 들어오려고 한다고 했다. 총병 척계광이 삼둔영三屯營에 있다고 들었는데 만일 거짓 보고라면 야불수夜不收를 즉시 죽였을 것이므로 대

217

---

36 귀감이 될 만한 중국 고대의 제왕을 그린 그림.
37 명나라의 정치가. 예부상서 등을 역임했다.

적大賊이 성에 다가왔다는 것은 결코 거짓으로 꾸민 말일 리가 없으나 변방은 고요했다. 허봉이 척 공의 글들을 보고 말하길, "저와 같이 좋은 장수를 어떻게 얻을 수 있는가! 이것을 가지고서 우리나라에서 책을 간행한다면 매우 좋을 것이다"라고 하기에, 나는 공경히 물러난 뒤 그것을 샀다.

병비兵備 송수약宋守約이 서반을 접대하지 않자 고운정이 노해서 먼저 갔다.

수레가 늦게 도착했기 때문에 상사가 수레 담당자의 과실을 기록했다.

조헌이 전장에서 목숨을 잃은 지 30년 남짓이 흐른 1626년 가을, 그의 제자 안방준安邦俊(1573~1654)은 이미 오래전 세상을 떠난 스승의 글을 엮어 《동환봉사東還封事》라는 책을 간행했다. '조선에 돌아와 주상께 올리는 글'이라는 뜻의 제목이 붙은 이 책에는, 중화의 문물을 모범으로 하여 조선의 정치·사회·문화 전반에 걸친 일대 개혁을 요구하는 내용이 담겨 있는데, 이는 곧 1574년 중국을 여행하고 돌아온 조헌이 임금에게 올릴 목적으로 여행길에 보고 들은 문견을 거름 삼아 작성한 사회 개혁안이었다.

실제 《조천일기》의 내용 중에는 '중국의 변경 방비 태세 및 군대의 엄한 기율과 조련 상황', '중국 촌락의 풍속과 향약의 시행'에 대한 관찰 기록처럼 《동환봉사》에 수록된 개혁안의 내용과 직간접적으로 연결된 내용이 어렵지 않게 확인된다. 이를 통해 우리는, 처음으로 밟아 본 중국 땅에서 자신의 눈을 사로잡았던 다양한 사물들, 어둠을 밝히며 나눈 중국 지식인들과의 대화를 어느 하나 허투루 흘려보내지 않고 온전히 갈무리해 온 조헌의 진지한 마음가짐을 엿볼 수 있다.

책의 말미에 적힌 안방준의 글에는 "이 책에 담긴 경세제민의 큰 뜻(經濟大志)을 고찰한다면 족히 선생(조헌)의 대개를 알게 될 것이다"라는 내용이 담겨 있어, 중국을 여행하는 내내 조헌의 눈을 빛나게 한 원동력이 바로 '경세제민에 대한 의지(經濟之志)'였음을 짐작케 한다.

조헌이 가진 경세가로의 면모는 《조천일기》 곳곳에서 확인된다. 사행 과정에서 목격한 백성의 생활상에 대한 관심과 명나라 각지의 풍속, 제도, 문물 등에 대한 상세한 기록에는 발달한 중화의 문물을 받아들여 낙후된 조선의 현실을 개선하고자 한 조헌의 의지가 녹아들어 있는 것이다.

비록 조헌의 상소문을 접한 선조는 중국과 조선의 풍속 차이를 이유로 그의 의견을 받아들이지 않았지만, 이때 작성된 개혁안은 훗날 유형원柳馨遠(1622~1673)과 같은 사상가에게까지 영향을 미침으로써 이후 조선 사회에서 전개된 다양한 개혁 논의의 시발점이 되었다는 평가를 받고 있다. 평소 조헌을 숭모해 기꺼이 그의 마부가 되고자 했던 박제가朴齊家(1750~1805)의 바람은 '경세가 조헌'에 대한 후세의 평가를 알게 하는 좋은 사례라 할 수 있다. 이역만리를 오가는 고단한 여정 속에서도 결코 흐려지지 않은 한 지식인의 밝은 눈빛이 뒤에 올 무수한 이들을 이끄는 환한 등불이 되어 준 셈이다.

후략

【 후략 】

9월 14일 이후의 일정은 현재 전하지 않는다. 따라서 해당 일정은 조헌과 같은 일행인 허봉의《조천기》기사를 참고해 약술했다.

조선 사신들의 귀로는 명나라의 사행로 통제 정책으로 인해 북경으로 올 때와 마찬가지로 동일한 경로를 거쳐야 했다. 그런데 15일 이후 영평성 에서 시작된 달자들의 집결 소식은 귀국길 내내 조선 사신들의 촉각을 곤두세우게끔 했다. 17세기 이후의 청나라와 달리 명나라는 요동 일대를 직접 통치하지 못했으며 해당 지역의 부족장들에게 명의 관직을 제수하는 간접 통치 방식을 채택했다. 그런데 16세기 후반으로 갈수록 명의 통제력 은 약화되었고, 이에 따라 사행로의 안전도 불확실해졌다.

조선 사신 일행은 9월 15일 영평성에 도착했다. 그런데 그곳에서 달자 수십만이 사행로 가까이에 집결하고 있으며 그중 일부는 사신 일행이 머무는 곳 근방을 공격한다는 풍문이 있었다. 이에 조선 사신들은 달자의 동향에 대해 명나라의 공문서와 풍문을 지속적으로 확인하면서 조심스레 귀국길을 재촉했다. 16일에는 무령현에 도착해 달자들이 모두 요동 방면 으로 흩어졌다는 소식을 듣고는 마음을 조금 놓으려는 찰나인 17일 산해관에서 다시 달자들이 무령현 일대를 공격할 것이라는 소문을 듣고 출발을 늦추고자 했다. 18일 산해관의 주사主事로부터 달자의 소란이 대체로 사라졌다는 말을 듣고 나서야 다시 이동을 준비했다. 19일 뒤쳐졌던 수레가 모두 도착한 후 주사와 견관례를 행하고 전둔위로 향했다.

달자에 대한 걱정과 염려는 26일 광녕에 도착해서야 비로소 잦아들었다. 광녕에서 도어사都御史, 총병관, 안찰첨사按察僉事 등과 견관례를 행하고 이틀간 휴식을 취했다. 달자가 출몰한다는 소식이 사라지는 것과 아울러 광녕 총병관이 요양까지 호송관을 붙여 주겠다고 배려해 준 덕분에 귀로에 대한 걱정을 덜 수 있었다. 27일 광녕을 출발, 반산역盤山驛, 사령역沙嶺驛, 우가장역牛家莊驛, 감천포甘泉鋪를 거쳐 10월 1일 요동의 회원관懷遠館에 도착했다. 5일 동안 요동 도사 진언이 베풀어 주는 연회를 받으며 뒤쳐진 수레가 도착하기를 기다렸다. 10월 6일 수레 하나가 아직 오지 않았지만 단련사團練使로 하여금 챙기게 하고서는 요동을 출발했다. 청석령靑石嶺, 옹북하瓮北河를 거쳐, 9일 용산龍山에서 동지 관압사管押使 일행과 만나 작은 연회를 열었다. 10일 드디어 적강狄江과 서강西江을 지나 압록강을 건너 의주에 도착함으로써 약 5개월간의 다사다난했던 사행 임무를 완수할 수 있었다.

[조헌趙憲 연보]

본관 백천白川

자 여식汝式

호 후율後栗, 도원陶原, 중봉重峯

시호 문열文烈

1544년(중종 39)	김포현金浦縣 서감정리西坎丁里에서 태어남.
1567년(명종 22)	감시監試에 합격.
	11월, 교서관校書館 권지정자權知副正字에 임명.
1571년(선조 4)	파주에서 이이李珥에게 인사드림.
1572년(선조 5)	교서관校書館 정자正字에 임명.
	6월, 불교적 관행을 비판하는 상소를 올렸다 삭직.
1574년(선조 7)	성절사聖節使의 질정관으로 연경燕京에 감.
	11월, 귀국하여 《동환봉사東還封事》 팔조소八條疏를 올림.
	12월, 유희춘柳希春과 함께 교서관에서 《주자대전朱子大全》을 교정.
1575년(선조 8)	교서관 박사, 호조좌랑, 예조좌랑 등을 거쳐 통진通津 현감縣監에 임명.
1577년(선조 10)	통진 현감으로 재직 중 문제를 일으킨 노비를 장살杖殺하여 도배徒配됨.
1578년(선조 11)	부친상을 당하였으나 유배 중이라 가지 못함.
1581년(선조 14)	공조좌랑, 전라도 도사에 임명.
1584년(선조 17)	대계臺啓로 인하여 파직.
1587년(선조 20)	정여립鄭汝立을 비판하는 만언소萬言疏를 올림.
1589년(선조 22)	도끼를 지고 대궐에 나아가 당시의 폐단에 대해 만언소를 올리고 유배. 유배지에서 통신사
	파견을 반대하는 상소를 올림.
1591년(선조 24)	도끼를 지고 대궐로 나아가 일본사신(倭使)을 참수하고 명나라에 아뢸 것을 상소함.
1592년(선조 25)	임진왜란 발발하자 5월, 격문檄文을 지어서 군사를 모집, 문인들과 함께 의병을 일으켜
	보은報恩 차령車嶺, 청주淸州 등지에 왜적을 격퇴시킴.
	8월 금산錦山에서 의병 700여 명과 함께 전사.
1603년(선조 36)	충청도와 전라도 유생들이 금산에서 순절한 장소에 순의비殉義碑를 건립.
1604년(선조 37)	선무원종공신일등宣武原從功臣一等에 훈록錄勳, 자헌대부資憲大夫 이조판서에 추증.
1609년(광해군 1)	충청도 유생들의 상소에 따라 사당(표충사表忠祠)에 사액.
1649년(인조 27)	문열文烈이라는 시호諡號를 내림.
1656년(효종 7)	신도비를 세움. 김상헌金尙憲·송준길宋浚吉·김상용金尙容이 참여
1666년(현종 7)	전라도 관찰사 민유중閔維重이 문집을 간행.
1669년(현종 10)	김포金浦 유생들의 청에 따라 서원(우저牛渚)에 사액.
1740년(영조 16)	국왕의 명령으로 문집을 간행하고 자손과 서원에 지급하게 함.
1748년(영조 24)	교서관에서 활자로 문집을 간행.
1754년(영조 30)	영의정 이천보李天輔의 청으로 의정議政으로 추증.